盘面细节分析

完整诠释细节分析运用方法

（第二版）

潘伟君　著

地震出版社
Seismological Press

图书在版编目(CIP)数据

盘面细节分析：完整诠释细节分析运用方法 / 潘伟君著. —2 版. —北京：
地震出版社，2016.1(2023.9 重印)
ISBN 978-7-5028-4664-0

Ⅰ. ①盘…　Ⅱ. ①潘…　Ⅲ. ①股票投资－基本知识　Ⅳ. ①F830.91

中国版本图书馆 CIP 数据核字(2015)第 205842 号

地震版　XM5610/F(5357)

盘面细节分析：完整诠释细节分析运用方法（第二版）
潘伟君　著
责任编辑：朱　叶
责任校对：庞亚萍

出版发行：地震出版社
北京市海淀区民族大学南路 9 号　　邮编：100081
发行部：68423031　68467993　　传真：88421706
门市部：68467991　　传真：68467991
总编室：68462709　68423029　　传真：68455221
证券图书事业部：68426052　68470332
http://www.depress.com.cn
E-mail：zqbj68426052@163.com
经销：全国各地新华书店
印刷：大厂回族自治县德诚印务有限公司

版(印)次：2016 年 1 月第二版　2023 年 9 月第四次印刷
开本：787×1092　1/16
字数：236 千字
印张：14.5
书号：ISBN 978-7-5028-4664-0
定价：39.00 元

序　言

尽管根据上市公司的基本面进行一些中、长线的投资，我们可以在若干年后获得成功，但如果你是一个职业投资者，你有足够的时间和精力来看盘，那么同样以小资金起步的话，通过短线操作可以让资金增值得更快，从而以更快的速度完成资金的原始积累。不过我们也知道，短线操作的风险很大，一旦失手本金的损失也会很多，因此要格外小心。

尽管现在已经出现了很多种做短线的方法，但这些方法的根本仍然是不同类型经验的总结。其实当某些情况出现时其结果往往并不只有一种，因此我们不要期望通过某一种状态或者一个现象就断定股价要涨或者要跌。

市场的交易是随机的，很多情况下股价的波动在短期内是随机的，其中并没有一定的规律。股票市场已经存在了两百多年，大量的社会精英参与其中，如果其中一定有什么规律的话，那么就一定会被发现，所以我们反过来说就是没有规律，因此越早放弃寻觅所谓的秘诀的想法越实在。

股票市场是一个自由的交易市场，如果有一个万能的交易方法可以保证投资交易者赚钱，那么所有的交易者就都赚钱了。这是一个悖论，所以这个方法肯定是不存在的，我们一定要明白这个道理，而且是越早明白越好。

现在我们放弃了寻找万能赚钱的方法，但我们还想获利，那就让我们回到市场上来吧。

先假设我们放弃基本面的研判，把主要精力集中到股价的短期波动中。

股价的波动是由供求关系变化引起的，正常的情况下在一段时间内上市公司的基本面不会有大的变化，因此股价应该是相对平静的，波动的区域也不会很大，这对于我们期望获取超额收益的目标来说是不值得关注的。我们要关注的应该是短期内有大幅度波动的个股，一般来说就是在现状下有可能大幅度上涨的个股。

股价的大幅度上涨源于多个因素，比如业绩大增等公司的利好消息即将公布，或者是公司所在行业的利好消息即将出现(行业政策变化、产品价格上涨、原材料价格下跌等等)，或者是市场有重大利多消息出台。其中第三个因素将导致所有的股票上涨，因此不在我们考虑的范围内。而行业所涉及的公司可能会比较多，所以除非是一些涉及公司很小的细分行业，一般我们也可以放弃第二个因素。

其实第二个所谓行业的因素归根结底也会影响到个股的业绩，所以从广义上来说第二个因素也可以归入第一个因素之中。这样本书主要关注的就是短期内对股价上涨起到推动作用的业绩提升重组、注资等因素。不过作为普通投资者我们一般不会在消息公布前知道这些变化，即使通过各种渠道得到一些传言也难辨真伪，所以就我们自身而言靠这种博消息的方法肯定是不可取的。

不过提前获取某些消息对于某些特定的投资者来说是有可能的。我们并不清楚他们是如何提前获知这些消息的，但只要他们进入市场的资金比较多，当他们在市场操作之时我们就可以通过观察交易的过程而发现他们的蛛丝马迹。

这些特定的投资者中有一些握有大量资金，他们往往在操作的过程中会影响到股价的走势，所以更容易暴露一些，我们把这类资金称为主力资金，但不是历史上曾经盛行过的坐庄资金，因为坐庄的模式在现在来说是违规和违法的。这种主力资金也不会像以前的庄家那样把流通股中的大多数都拿在自己的手里，而是在建立了一定仓位的基础上借大盘的走势来推升股价。这种资金是我们重点关注的，如果交易中出现了这类资金就表明个股一定会有一些我们所不知道的利多因素出现。通过这种方式我们相当于提前获知了个股的内幕消息，尽管并不知道这个消息是什么，但能够知道一定存在这个消息。

我们就是通过对于主力资金运作痕迹的观察来获取股价波动的信息，这样就有助于我们进行短线参与并最终获取超额的投资回报。

我在《上海证券报》多年的专栏里反复提到“K 线图是主力与市场对话”这样一个观点。其实从细节分析的角度来说整个交易的过程就是主力在与市场进行对话，更精确地可以这样说：

主力通过每一笔挂单和交易在和市场进行对话。

如果我们读懂了主力的语言，然后再去分析主力的真正意图，这样就能够有效地做出我们自己的投资决策，采用的方法就是细节分析，换句话说我们可以通过细节分析的方法与主力进行单向通话，即我们在听主力说而主力并不知道我们的想法。

不过某个单一细节的分析并不能给出买卖的结论，这是我们要提前做好的思想准备，只有在综合了多个细节分析的结论之后我们才有可能做出投资决策。

细节分析是看懂市场交易的主要手段，如果我们把交易都看清了，投资也就驾轻就熟了。

本书有部分案例的思路源于我在《上海证券报》的“投资心得”专栏，由于专栏受字数所限，很多细节分析的过程表达得过于笼统，在本书则有更加详细的分析过程和图例。

本书假设投资朋友具有较丰富的看盘经验，更提倡理性思维，所以并不适合入门者，也不适合惯于形象思维的投资朋友。对于准备进入或刚进入市场的投资朋友来说，我的《从外行到内行》一书更合适一些，只有让自己先成为内行以后再来了解细节分析，这样就不会一头雾水了。

细节分析的案例仍然在继续增加中，如果有可能我会继续在《上海证券报》上的“投资心得”专栏上提出来与投资朋友共享，有兴趣的投资朋友可继续关注我在《上海证券报》上的专栏。

同时也要感谢广大的投资朋友，在你们的支持下，到目前为止我在该报的专栏已经坚持了七年之久。

特别说明：本书更适合能静下心来进行理性思考和分析的投资朋友。

再次感谢舵手证券图书的邹力进小姐和地震出版社在本书出版过程中给予的大力支持。

特别说明

自《看盘细节》出版以后一直受到广大投资朋友特别是职业投资朋友的喜爱，不过由于当初整个思路尚处于整合之中，因此觉得还很有必要做进一步的完善，本书就是基于这样的思路。

《看盘细节》主要收集了一些细节分析的案例，但并没有完整和系统地阐述整个细节分析的方法，所以很多投资朋友也提出了不少问题，比如：

如何发现这些值得关注的细节？

细节分析的一般思路是什么？

……

确实，如果我们根本就没有发现这些值得关注的细节，或者即使发现了这些细节也不知道意味着什么，那么就谈不上“细节分析”。

鉴于此，本书的第一章就将讨论如何去发现值得关注的细节这个问题，然后再阐述一些细节分析的基本方法，使投资朋友在运用细节分析方法的时候有一个大致的轮廓。

本书的第二章讨论有关细节分析的思路，有助于我们具体掌握这种分析方法。

由于细节分析的方法更多的是涉及到一些逻辑和推理的基本思路，与我们所熟悉的一些其他分析方法有着本质上的差异，因此本书在后面几章提供了大量的实用案例供投资朋友研习。

其中第三章提供的是一些相对常见的细节分析案例，这些案例的主要特征就是它在盘中出现的频率相对较高，分析的结果也相对较为明确，不像很多细节分析的结果可能会有多个结论。如果可能的话这些常见的细节案例应该尽可能地熟记在心。

第四章提供的是一些不太常见的细节分析案例，这些细节在不同的市场状态下会有不同的分析结论，因此要结合具体情况具体分析。

细节分析的方法除了适用于广大的普通投资朋友以外，对一些大单的交易者来说也是十分有效的，其中也包括主力操盘手，因此本书的第五章提供了一些供大单交易者或者主力操盘手参考的分析案例。

有一点是特别要注意的，如果我们发现了一些似乎是值得关注的细节那么一定要分析一下个股有没有受到一些其他因素的影响。如果受到了其他因素的影响那么某些细节仍可能属于市场的正常交易，并不值得花更多的精力去分析。

其他因素包括但不限于：

因素①：大盘的明显上涨和下跌，即出现实发性利好和系统性风险。

因素②：个股所属行业的变化。

因素③：个股所属板块的变化。

鉴于此，本书的细节分析案例一般也都是把这些因素排除在外的，同时个股的盘子也相对较小。

本书的案例重点在挂单的变化上面，这是细节分析的入门部分。

2006 年推出的《看盘细节》仍然可以作为本书的案例集而发挥作用，罗列在《看盘细节》中的案例更多的是集中在当天的走势图上，部分涉及盘后的 K 线图。

《看盘细节》是本书的拓展，对于喜欢细节分析的投资朋友来说两本书同等重要。

目 录

第一章 细节分析概论

第二章 细节分析思路及常用工具

第三章　常见细节分析案例

第四章　非常见细节分析案例

第五章　大单操作手册

第一章

细节分析概论

一、细节分析的含义

看盘细节这种说法自我在《看盘细节》（2006 年出版）一书中提出来已经逐步被市场所接受，但是它的具体含义还是有一些模糊，所以在本书开始的时候还需要做一些说明。

看盘细节只是一种简单的称呼，它的本意是分析一些在看盘过程中发现的非自然交易细节。也就是说当我们在看盘的过程会发现一些让我们感兴趣的市场非自然交易的细节，然后我们就对这些细节进行分析。通过分析我们会得出一些结论，这些结论在很多情况下并不一定是唯一的，也不一定马上就可以构成投资建议。

在对于多个非自然交易的细节进行综合分析和论证之后我们会得出最后的分析结果，它会对我们的投资决策起到相当重要的作用，尤其是对于短线投资策略而言。当然也有可能只是提供一些投资决策所需的信息，甚至也不排除在极少数情况下会得到一个看似完全没有用的结果。

现在我们把看盘细节这种说法改成更为明确的说法，叫做“细节分析”。

本书重点提到的细节是一种高度概括的说法，其实就是在股票交易中所发生的任何事情，它由以下三个主要部分组成。

1. 挂单

在行情软件的右上方显示的就是挂单的数据。

现在一般的行情软件会显示交易所提供的买卖各 5 档价位的挂单，有些软件提供上下 10 档的买卖挂单，尽管一般都是收费的，但意义不是很大，因为我们的精力是有限的，太多了其实也顾不过来，反而会无所适从。

这些挂单是经常在变化着的，有时候其中也会有我们自己的挂单，如果我们参与交易的话，这些挂单每一次的变化都可以称之为一个交易细节。

2. 成交回报

在行情软件的右下方显示的就是成交回报情况。

证券交易所一般每隔 5 秒钟左右就会传过来最新的挂单情况和成交回报情况，这种成交回报是 5 秒钟内的交易结果，包括最后一笔成交价格和累计的成交手数。

深圳证券交易所还在成交手数的后面提供一个成交笔数的数据。

每一次传过来的成交回报数据也是一个交易细节。

3. 走势图

走势图并不是证券交易所提供的，而是由行情软件根据证券交易所提供的交易数据绘制的尽管各家软件并不一样，但画出来的走势图基本相同。

走势图主要分为两个部分，左上方是股价走势二维图，横轴是以 1 分钟为单位的时间，竖轴是股价。左下方是成交量变化二维图，横轴也是以 1 分钟为单位的时间，竖轴是成交量。很多软件还可以在左面的最下面提供第三个图，基本上是一些不同类型的技术指标，对于细节分析来说这第三张图不是非常重要，仅仅在研判相对强度指标的时候要派上用场，其他时候可以忽略。

走势图中的一些变化，比如股价的涨跌和成交量的变化也属于交易细节。

这三个部分的细节就是我们看盘中所要面对的主要细节。不过我们并不是要分析所有的细节，这样做既没有必要也不可行，我们要关注和分析的只是其中一些特别的细节。

本书基本上讨论的都是挂单和成交变化方面的细节，所取案例也大多与此有关。不过从广义上来说走势图甚至日 K 线图的一些变化也应该是细节分析的一部分，不过限于篇幅这部分内容不在本书罗列，《看盘细节》一书已经提供了不少这方面的案例。

二、主力和主力资金

在这里我们把参与市场交易的各类资金划分为大资金和小资金两种，划分的主要依据是有没有影响股价走势的能力。

尽管根据我们的类别划分大资金是有能力影响股价走势的，但也不是所有的大资金都愿意去影响股价走势。我们主要关心的是那些主观上有干预股价走势愿望的大资金，这类资金我们称之为主力资金，而主力资金的拥有者我们就称为主力，具体的交易者我们称之为主力操盘手。

有一些大资金比如基金在很多时候参与的资金也非常多，自然可以归入大资金一类。但它通常最多只是在单向买进或者卖出的时候对股价产生一些影响，一旦交易完成则不会再影响股价。

在我国证券市场的起步阶段，很多主力资金将个股的大部分流通筹码都藏进自己的口袋，造成市场上筹码稀少。然后主力操盘手通过自买自卖的方式进行交易从而将股价大幅度推高，最后在高位将筹码倒给市场，从而完成整个获利过程。

大资金这样的运作方式一度被市场称为做庄，不过其中自买自卖的手法已经属于违法和违规，因此现在的主力采用的是更加合乎规范的操作手法，而且由于其持有的筹码也不像以前那么多，因此在运作股价的时候也需要借助于整个市场的氛围，不太愿意进行逆势操作。

主力资金的介入对于股价会有很大的影响，最主要的就是股价的波动性加大，公司的利多因素会扩大，股价的上涨涨幅会超过理性的预期。对于我们期望获取超额回报的投资者来说追逐主力资金参与的个股是一个很重要的途径。

三、非自然交易

在“细节分析的含义”一节中我们提到了细节的三个组成部分，这些细节的数量非常之多，所以我们不可能去分析其中的每一个细节，实际上也根本就没有这个必要。

我们的目的在于追踪主力的足迹，所以关注的只是与主力活动相关的细节。换句话说如果其中没有主力在运作的话我们是不感兴趣的，那些细节再多对我们也是没有意义的。

让我们记住：只关心有主力参与运作的细节。

可是我们又是如何发现其中有主力在参与运作的细节呢？在这里要解释一个在本书一开始就提到过的非常重要的概念，叫做“非自然交易”。

我在《上海证券报》的专栏中经常提到这个概念，不过在说法上还没有统一起来，比如可以叫做“非自然市场交易”，也可以叫“非市场自然交易”等等，不过意思是一样的，就是那些隐藏于繁复细节中的一些违背市场自然交易规律的交易细节。因为交易不自然，所以这些非自然交易细节很有可能是主力进行运作的结果，找到它们我们就能够逐步接近主力。

现在我们把这些细节定义为“非自然交易”细节。

通俗来说，如果你觉得某笔交易或者挂单不合理，不合乎常规，不是普通人的思路，或者简直就是莫名其妙，那么这个细节很有可能就是“非自然交易”细节。

四、自然交易心态

前面提到了“非自然交易”，相对的就有“自然交易”。其实我们就是把市场的所有交易根据“自然性”划分成两个部分，一部分是自然交易，另一部分就是非自然交易。

如果没有主力资金的刻意运作，那么整个市场的交易就是自然的。因为在这种情况下每个交易者都在独立思考，而每个交易者作为单个交易的主体对于股价走势的影响是非常小的，即使是像基金这样的大资金交易者也往往只能影响某个时间段内的股价走势，但不会影响到股价的运行趋势。

不过一旦主力介入其中进行运作的话股价就会受到影响，因为主力会期望股价上涨或下跌得更多一些，所以会在操作上使用一些非自然的交易手段，这些交易就会成为非自然交易的细节。

我们的目标是期望通过分析一些非自然交易的细节来发现主力运作的痕迹，所以首先要学会如何从这些大量的交易细节中辨别哪些是自然的哪些是非自然的，这就需要了解参与自然交易的交易者具备一些基本的心态。

本书只是列出了这些心态中比较重要的一部分，投资朋友也可以自己继续进行添加。

心态1：资金比股票安全

股票是用资金通过一定的价格换来的，由于股价不是一成不变的，所以折算成资金也是在不断变化着的。持有股票者当然希望股价向上变动，但股价也是有可能下跌的，如果股价跌到当初的买进价格之下，那么折算成资金的话就相当于资金减少了。而不买股票的话那么资金是不会变少的，这是资金与股票的最大的差异，所以从风险的角度考虑资金要比股票安全。

一旦市场出现连续下跌的态势那么投资者就会更看重资金的安全性，这是市场一个非常重要的特征，我们要记住。

选择题：以下哪个因素更容易形成股价的顶部？

A. 抛盘增加　B. 接盘减少

答案是A。

为什么？害怕下跌的多于害怕上涨的，这就会形成股价的顶部。

当投资者害怕下跌以后就会觉得资金比股票安全，所以会选择把股票卖掉换成资金。

反过来说，即使接盘减少，只要抛盘不降低卖出价那么股价就不会形成顶部。

心态2：顺趋势

当股价上涨时卖单会选择等一等，即使要挂也会选择高一些的价位，比如挂在卖③卖④卖⑤之类的。

当股价下跌时买单会选择等一等，即使要挂也会选择低一些的价位，比如挂在买③买④买⑤之类的。

这一特征在股价下跌时更加明显。

选择题：以下哪个因素更容易形成股价底部？

A. 抛盘减少　B. 接盘增加

答案是A。

为什么？在股价下跌的过程中买单是越挂越低的，即使接盘增加也会在更低的价位增加，只有当卖单觉得股价太低了不再愿意低价卖出时股价才有可能形成底部。

心态3：挂单是要成交的单子

市场总是以为挂在上面的单子是要成交的。比如在买④的价位上挂出了一张1000手的大买单，市场会以为有交易者希望买进1000手，但很多时候这张单子是不会成交的。其实只要细心观察的话就会发现一些数量很小的单子也会突然消失。

具体来说在以下两种情况下挂单不会成交：

一种情况是主力参与。

既然市场相信挂出来的单子都是要成交的，那么主力操盘手就可以通过挂单来诱导市场。因为单子是可以撤下来的，所以只要不成交那么主力就不会增加资金成本。这就是我们为什么有时候会看见很多挂单的怪现象，比如突然会出现很多的大挂单，又比如很多挂单会瞬间消失等等，在后面的案例中我们将会探讨不少涉及挂单的非自然交易细节。

还有一种情况并非属于主力参与的非自然交易现象，而是市场自然交易现象，那就是交易者自然撤单。

如果是一张市场自然性的挂单，那么在挂上去的时候确实是希望成交的，但随着交易的进行交易者的想法有可能会改变，因此只要在这张挂单还没有成交之前就存在被撤下来的可能。

其实就是我们自己在交易的时候也经常会撤单，所以不要把挂在上面的单子看成一定会成交的单子，在进行细节分析的时候我们要特别记住这个市场的自然交易心态。

心态 4：买单多股价要涨，卖单多股价要跌

图 1-4-1 给市场的感觉就是股价要上涨，因为下档的买单相比上档的卖单要多很多。

卖⑤	20.44	27
卖④	20.43	4
卖③	20.42	12
卖②	20.41	10
卖①	20.40	45
买①	20.39	459
买②	20.38	202
买③	20.37	60
买④	20.36	160
买⑤	20.35	117

图 1-4-1

图 1-4-2 给市场的感觉就是股价要下跌，因为上档的卖单相比下档的买单要多很多。

这种心态很容易理解，因为在自然交易状态下一方挂单多就表明其买卖意愿强，所以股价就应该往对方的方向跑。

不过要注意的是这里有一个条件就是自然交易，如果其中出现了非自然交易的因素，那么这种心态就决不能有。

卖⑤	6.29	41
卖④	6.28	37
卖③	6.27	201
卖②	6.26	210
卖①	6.25	106
买①	6.24	15
买②	6.23	62
买③	6.21	45
买④	6.20	168
买⑤	6.19	70

图 1-4-2

就拿买单来说，尽管下面挂了很多买单，但如果股价要上涨的话还是需要把上面卖单打掉的，而且在此期间还不断会有新的卖单出来，所以要让股价真正涨上去的话起码必须满足以下两个条件中的一个：

不断有愿意出更高价格的买单进场将上档的卖单打掉，或者是下面的大买单撤下来换成更高的价格往上面去打。

在这些变化没有出现之前股价可能不一定上涨，反而会出现以下两种情况：一种是股价横盘，因为下面有大的接单所以股价跌不下去但也没有涨上去。另一种是出现了更大的抛盘将下档的大接单全部砸掉，最后股价反而下来了。

心态 5：大单主动往上打股价要涨，大单主动往下砸股价要跌

这种状态经常出现，比如上档原来有很多卖单挂着，结果进来很多更大的单子将上档的挂单全部打掉，股价也有了一些上涨，这时候市场会感觉股价要继续上涨。

如果是自然交易那么由于一下子涌进来那么多的买单，至少造成供求关系在短时间内出现变化，买单数量的大幅度增加以及这些买单愿意提高买进价格将会促使卖方缓手，导致股价上涨。

然而这只是在市场自然交易的状态下的演变结果，如果是非自然交易，那么情况就可能完全不一样。这些交易出来的结果很可能只是主力所为，它掩盖了真实的市场交易，所以最后的结果可能会完全相反。

心态6：放量才能上涨

一旦股价上涨则能否持续成为关键，只有持续上涨才能吸引市场的买单。

市场习惯于用成交量作为看点，如果成交量明显放大则上涨趋势能够维持，反之则不能持续。

由于“资金比股票安全”的心态，一旦股价上涨，获利的筹码就会寻机兑换成资金，因此只有持续不断的资金流入才能够推动股价的连续上涨，也反证了股价上涨必须有成交量持续放大的配合。

不过这同样是一种理想的自然交易状态，一旦主力参与进来以后情况就会发生明显的变化，所谓“假突破”之类的反成交量现象就会经常出现，所以这只是一种市场的心态。

心态7：赌涨不赌跌

赌涨不赌跌是一种我们所不能忽视的常见现象，它也是一种市场上的常见心态：当我么们买进股票以后自然就是希望股价上涨，但股价的走势有两种，一种上涨还有一种就是下跌，通常情况下我们一旦持有筹码，就会“赌涨不赌跌”，其实是一种单向的赌性，也就是赌股价的上涨。如果股价已经上涨并导致筹码获利时，不愿再赌。这实际上是很正常的，但在买卖决策上这一心态体现出来的结果是完全不一样的。

当我们买进股票以后就开始赌股价的上涨。其实股价总是存在上涨和下跌两种可能性，因此上涨只是一种可能性，我们期望股价上涨自然属于“赌”的范畴。在这种心态驱使下即使股价下跌导致筹码被套也不会割肉离场，而是继续赌股价的上涨。

而一旦股价上涨后筹码有了获利，这时候我们就不愿意再继续赌下去，尽管股价仍有继续上涨的可能性但我们会放弃再赌一把的想法而选择获利了解，所以我们经常就是被套了很长时间最后的结果只是赚了一点点。

这种现象来源于心理因素。下面是一个经常用到的心理实验：

有900个人得病，可以选择两种药物但结果不同：选择药物①，可以挽救300人；选择药物②，有1/3的概率挽救所有人但有2/3的概率一个也救不了。

请问选择哪种药物？

测试的结果：72%的人选择药物①。

下面是另一个问题：

也是900个人得病，可以选择两种药物但结果不同：选择药物①，肯定有600人死亡；选择药物②，有1/3的概率挽救所有人但有2/3的概率一个也救不了。问选择哪种药物？

测试的结果：78%的人选择药物②。

其实这是一个相同的问题，关键在于前者是突出了“收益”而后者是突出了“损失”。同一个问题用两种不同的方法询问，得到的回答是完全不同的，充分表明人类更愿意获取“收益”而不是面对“损失”，从投资股票上来说就是更愿意赌涨而不愿意赌跌。

现在回到赌涨不赌跌的现象上来。

当股价下跌被套以后投资者并不愿意看到自己已经形成的账面亏损，更不愿意卖出而获取自己的“损失”，这样就更愿意赌股价的上涨。当股价上涨时投资者更愿意做的是实现自己账面上的盈利以获取自己的“收益”，而不是等股价一旦下跌而使自己减少账面盈利甚至被套，所以也就不愿意赌股价是否还会上涨。

正是由于这一重要的心理特征，导致股价在下跌过程中被套者紧捂筹码不卖，使得成交量大幅度萎缩。反过来一旦股价上涨必然会有大量获利盘涌出，也就有了上涨必须放量的说法。

其实股票投资并非下赌，所以我们要克服人性的弱点，以积极理性的态度对待股价的变动。

五、细节分析四步走

细节分析没有铁定的分析步骤，但对于初次接触这种方法的投资朋友来说还是可以根据下面提出的四个步骤进行分析，在经过一段时间的实践之后是完全可以跳出这四步曲的过程的，然后可以根据自己的喜好来进行分析。

大致上我们可以把细节分析的过程通过以下四个步骤来实现，不过在具体的分析过程中可以模糊一些，没有必要完全照搬。

第一步，寻找疑似非自然交易细节

我们已经知道，可以通过分析一些特殊的细节来找出主力活动的痕迹，而这些细节多少会有一些非自然交易的痕迹，因此要寻找主力首先就要找到那些有主力参与的非自然交易细节。不过有些细节是否一定属于非自然交易本身也需要经过分析，所以在确认非自然交易细节之前我们先把这些细节称为疑似非自然交易细节，然后再从中找出真正的非自然交易细节，这样细节分析的第一步就是要找出疑似非自然交易细节。

比如我们如何来看在图 1-5-1 中出现的1914手这样的接单。

卖⑤	19.25	97
卖④	19.24	78
卖③	19.23	26
卖②	19.22	90
卖①	19.21	22
买①	19.19	70
买②	19.18	14
买③	19.17	21
买④	19.15	1914
买⑤	19.14	11

图 1-5-1

接单的大小与流通盘的大小密切相关。如果这只个股的流通盘只有1个亿左右，那么这笔1914手的接单就属于明显的大接单。

我们知道市场上出现的自然挂单至少在挂出来的时候是为了成交，而现在成交的可能性很小，因此违背了自然交易的规律，所以这很有可能是一笔非自然交易的挂单，当然目前还只能算是疑似。

当我们对细节分析逐步熟练以后这一步通常会省略，因为要确认非自然交易细节已经变得很容易，所以就不存在寻找疑似非自然交易细节这个过程，直接就能够找到非自然交易的细节。

第二步，确认非自然交易细节

对于疑似非自然交易细节进行佐证，根据其他交易细节进行核实，最后确认是否属于非自然交易细节。

仍以类似图 1-5-1 提到的大挂单为例，如果股价在旱地拔葱式上涨以后突然在买①或买②出现特大买单，而同时大盘指数变化不大，那么根据当时的交易过程可以判断这一笔大买单属于非自然交易。

在后面的实例中会有具体的分析。

第三步，就非自然交易细节本身罗列各种可能性

通常我们在一开始分析细节的时候往往会武断地做出某个单一的结论，其实这是最忌讳的。对于一个细节来说其本身会包括多种可能性，我们要做的就是把这些结论全部罗列出来而不是随随便便就把其中的很多可能性都想当然地排除掉。

罗列各种可能性并不是一件简单的事情。如果我们还只是刚刚开始进行细节分析的话那么很有可能会遗漏一些可能性，所以要求我们尽量避免，因为遗漏了的可能性或许有可能是最重要的可能性，一旦遗漏就会导致出现完全不同的结论。

只要我们能够持之以恒，那么就有可能做到尽可能的全面。

在本书后面的案例部分以及已经出版的《看盘细节》中的案例中一般都会有较详细的罗列可能性的过程。

第四步，对罗列出来的可能性进行诊断

诊断的目的是将一些不可能发生的可能性排除掉，最后留下来的可能性就是结论。

排除的过程中会用到一些交易中的其他细节，很难给出一个固定的方法。不过只要我们用心看盘，仔细观察每笔交易过程，随着时间的推移我们的能力会逐步得到提高，排除的可能性也就会越来越多。

经过以上四个步骤我们已经得到了一些剩余的无法排除的可能性，这些就是细节分析的结论。

细节分析的结论来自于剩余的未被排除的可能性，但它在很多时候并不是唯一的，我们无法希望每次都排除到只剩最后一种可能性。事实上根据经验绝大部分单个细节的分析结论都不是唯一的，我们要有这样的思想准备，我们要做的就是把这些剩余的未被排除的可能性作为结论保留下来。

以上四个步骤只是完成了单个细节的分析。由于单个细节的分析结果并不唯一，因此光靠单个细节的分析还是不够的，其结果的多重性也起不到指导投资决策的作用。不过通过单个细节的分析我们多少获得了一些深层次的信息，所以还是让我们重新打起精神回到盘面，继续观察交易过程，期望捕获到更多的非自然交易细节。

当我们又发现了一个非自然交易的细节之后就再重复前面的四个步骤。

经过N个来回的折腾我们突然会发现结论已经接近唯一了，这时候就可以进行投资决策了。

也有可能我们一直没有得到那个期盼的唯一的结论，因为中间会出一些问题，比如我们把某些细节遗漏了，比如我们把某些可能性疏忽了，甚至也有可能是主力露出的马脚实在不多，还包括主力停止了运作等等，一旦遇上这种情况，我们就只能振作精神重新开始新的寻觅之路。

每次进行细节分析都有这样一个过程，看上去似乎过于复杂，但实际工作中由于我们的分析能力在不断提高，所以有些分析过程是可以省略的。而且随着经验的逐步积累有些细节的分析结果也是一目了然的，根本不用将所有的可能性都罗列出来。本书很多案例中的细节分析也并没有严格按照这样的方法来做，因为很多可能性太容易排除了，所以就不用罗列出来，这样就会节省很多精力。

如果我们对细节分析的方法已经非常熟悉了，那么对于一些常见的细节只要一看到就知道是什么结果，换句话说只要这些细节一旦在交易中出现我们就知道是怎么一回事了，因此尽管很多细节的分析对于入门者来说还需要下一番功夫但对于熟悉细节分析的内行来说是一眼就可以看透的。到了这种程度细节分析就完全不需要花很多精力了，投资朋友要做的就只是如何进行投资决策。

细节分析的基本阶段是看懂市场交易，细节分析的高级阶段才是投资决策，如何跟着主力赚钱。

第二章

细节分析思路及常用工具

一、看盘的重点

细节分析的基础是看盘，因为我们要分析的细节来自于挂单和交易，而这些数据的唯一来源就是盘面，所以不看盘就谈不上细节分析。

尽管我在《看盘细节》一书中也探讨了一些来自日K线图的案例，但这部分细节分析其实是建立在本书基础之上的更高层次的细节分析。尽管靠一张日K线图我们有时候也可以得到一些有价值的结论但看盘过程中发现的一些非自然交易细节无疑是更加有用的，所以我们必须看盘。

如果我们已经在看盘了，那么现在就需要明确一下看盘的重点。

要明确我们在看盘的时候重点看什么，如果把重点搞错了，最后的结果自然就是白白浪费精力。

一般来说看盘的对象有两种，一种是日K线，一种是当天的实时行情图。细节分析基本上是局限于实时行情图的，尽管细节分析并不排斥日K线图，有时甚至结合日K线图也是必须的，但现在的重点或者说起码在起步阶段还是在实时行情图上面，而且更多的是在盘中进行交易时进行动态的实时观察。

现在就让我们进入到实时行情中。

通过第一章我们已经知道了一般实时行情图的三大主要显示功能，分别是挂单、成交回报和走势。尽管这些信息都有价值，但对于细节的观察来说最重要的恰恰是一般市场很少注意的挂单部分，也就是在实时行情图中的右上方部分，市场称之为5档挂单的地方(有些软件可以看到10档挂单)。同时挂单下面的成交回报也同样重要，因为挂单显示的是静态的买卖意愿，而成交回报则是真正动态成交的结果。在成交回报中深圳证券交易所提供的一个成交笔数的统计数据也有参考价值。

实时行情图中最大的一块面积被股价的走势所占据，不过这其实并不是最主要的，因为股价走势只是将交易的结果通过二维坐标形象地描述出来，同样行情左下方显示的成交量也只是交易结果。

对于我们来说最原始的数据才是最重要的。

实时行情图上的信息什么是最原始的呢？走势和成交量来源于成交回报，也就是行情图右下方每隔5秒钟就有可能刷新一下的成交回报数据。不过成交的基础是静态挂单，没有静态挂单交易者就很难下单，所以对我们说静态挂单才是最基础和最原始的交易数据。

其实静态挂单并不是真正原始的数据，但对于我们来说就是最原始的数据了。

现在我们把眼光集中到行情图右上方的静态挂单区域，这里就是我们看盘的重点区域。

静态挂单区域分为两个部分，一个是上面的卖出挂单区域，另一个是下面的买进挂单区域。我们通常说的上档挂单是指卖出挂单，下档挂单是指买进挂单。

以后我们将把静态挂单简称为挂单，把报进来的单子都称为动态挂单。

动态挂单我们看不到，因为动态挂单一旦报到交易所就变成了两个部分，一部分与原来的静态挂单撮合成交，另一部分则成为静态挂单出现在挂单区域。也许全部成交，也许全部成为静态挂单。

比如，现在买①的价位是 10 元，挂在买①价位上的单子有 100 手，这时有一张卖出挂单报进来，报的也是 10 元，但不是买进价而是卖出价，卖出的数量是 80 手。

由于这张卖单还没有进入交易所的电脑主机，所以我们称它为动态挂单。

当这张卖单一到交易所的电脑主机就会与原来买①上的挂单进行撮合成交。因为买①10 元上的挂单有 100 手，所以这张 80 手的卖单全部成交，原来买①价位上的挂单还剩下 20 手没有成交。

现在更新后的买①价位仍然是 10 元，不过挂在上面的单子只剩 20 手。

如果动态报进来的卖单数量有 130 手，那么在成交了 100 手之后还剩下 30 手没有成交，不过这时候原来 10 元的买①价位已经变成 10 元的卖①的价位了，上面还挂着 30 手的卖单。

现在我们来分析挂单的情况。

随着行情不断地被刷新，挂单也在变化，总体上来说造成挂单变化的原因有以下三种：原因①：挂单被撤销；原因②：增加新的挂单；原因③：挂单数量在交易之后发生了变化。

通过 5 档挂单我们看到的挂单数量是同一价位的挂单数量累加，但我们并不知道某个价位的挂单一共是由几张挂单拼凑起来的。

要知道这一点则需要使用一些提供 10 档挂单数据的软件，一般情况下这种软件是收费的，好在这一点对我们的帮助并不明显，我们用 5 档的免费行情软件就已经可以了。

成交回报数据同样也是累加的结果，因为更新一次数据的原则是时间而不是成交与否，所以刷新以后的数据只是一段时间之内累计成交的结果，其中成交价格只是这些累计成交笔数中最后一笔的成交价。如果成交笔数只有一笔，那么成交价格就是真实的了。

比如数据刷新一次是 5 秒钟，在这 5 秒钟内成交了 3 笔，分别是 10 元成交 100 手，10.01 元成交 20 手，9.99 元成交 25 手，最后传过来的成交回报是以 9.99 元成交 145 手。其中 145 手是这 3 笔成交数量的累计，而 9.99 元则是这 3 笔成交中最后一笔的成交价格。

我们已经知道挂单是在不断变化着的，包括挂单的价格和数量都在不断地变化。但挂单的变化与成交回报并不一致，尽管成交回报与挂单密切相关但两者之间仍会有差异，成交回报中的成交量并不一定等同于挂单变化的量。

比如成交回报显示以 10 元的价位成交了 30 手，那么在原来 10 元的买①价位上的 100 手接单可能会少 30 手而变为 70，但也可能没有变化，只要在这 5 秒钟内又有 30 手的买单挂在 10 元的价位上就可以了，甚至在 10 元的价位会有更多的买单出现，只要新的买单多于 30 手就可以变成这样。

现在我们已经知道了，看盘的主要对象是挂单，所以从现在开始我们要逐步养成以看挂单为主的看盘习惯，这是细节分析的出发点。

二、关注连续性

尽管在交易的过程中任何一次挂单的变动以及任何一笔交易的发生都可以被视为是交易过程中的细节，但其中的大部分并不是我们所需要关注的。我们需要关注的是非自然交易的细节，是那些主力有可能参与的交易细节。

主力将资金集中于一家个股上面，所以就会希望股价涨得更多一些，因此在操作上就会对股价进行一些干扰，该跌的时候少跌一些，该涨的时候多涨一些，这与基金等其他大资金的运作风格是不一样的。

基金持有的个股可以多达几百家，某一只个股的涨跌并不会对基金的总市值产生很大的影响。不过对于主力来说就不一样了，因为主力只有一只股票，所有资金的未来全部要靠一只股票，所以主力对于股价的波动非常在意，特别是在主力完成建仓以后更是如此。

从另一个方面来说，主力也确实有能力在合规的范围内对股价进行一定程度的干预，因此在大盘配合的情况下主力是会干预股价的，这种干预行为我们称之为运作。

主力在建仓的阶段希望市场出现更多的抛盘从而使股价下跌以便能够让主力的建仓成本更低一些，而在推升股价上涨的过程以及最后的出货过程中，则希望市场买单进来的更多一些，因此在不同的阶段主力运作的目的是不一样的。

不过主力运作最基本的出发点就是引导市场，最起码要让市场认为股价将要发生什么变化。要达到这样的目的，光靠几笔零星的交易是没有用的，只有连续进行一定数量的交易才能引起市场的注意。所以我们在分析细节的时候一定要注意连续性这一重要的主力操作特征。

比如股价上涨，如果仅靠几张买单将股价推高是不会引起市场关注的。而如果在一段时间内持续将股价一路推升，那么市场自然而然就会关注起来。

除了主力以外，另外一种大单也会出现连续性这个特征，这就是我们在后面经常会提到的一次性大单。

一次性大单是指一些大资金拥有者的大单，比如基金、私募甚至个人大户等。这些大单由于数量比较大所以不会一次性在市场上挂出来或者一次就能够动态成交。

比如，某个股日成交量只有 200 万股，但某张一次性大单却希望在某个价格以下买进 100 万股，这样交易者在操作时就会将这张大单分成若干张进行交易，所以这张单子一定是经过多次交易才完成的，并不是真正一次性进行交易的，我们之所以把它称为一次性单子是因为它属于一次性的交易指令单，这张指令单的下达是一次性的。

有些一次性大单也会有连续交易的时候，在这一点上与主力的一些操作特征相似。

比如某股日成交在 200 万股左右，某张一次性大单希望在某价格之下买进 100 万股，其中最高限价离前收盘价有 5 个百分点的差距。于是交易者在开盘后连续买进，结果是股价一路走高，直到5个百分点的涨幅为止，这时交易者可能已经完成一次性大单。这种交易行为也是连续的，对股价也起到了推升的作用，但并不是主力在运作，这是我们以后在细节分析中要特别注意的，在本书后面的案例和《看盘细节》中的案例也多次提及。

我们可以把市场的单子分成三种类型，一种是主力的单子，一种是一次性大单，余下的就是市场自然交易的散单。这里所说的散单并不一定是指散户的单子，而是指没有连续性操作特性的单子，或者说是不会影响市场的单子。

三、挂单的对称性

挂单是经常在变的，不过有一些特性是不变的，其中最主要的就是它的对称性。

所谓对称性就是从广义上来说挂单上方即卖出方的挂单数量总和与挂单下方即买进方的挂单数量总和应该是差不多的，至少在数量级上应该相同。这里我们不能定量只能定性，特别要注意的是“差不多”。

比如当上面五个价位的卖单总数为300手的时候，下面五个价位的买单总数也应该在300手左右。不过我们不可能在交易进行的过程中始终去计算这两个数据，实际上也没有必要，因为这里所说的对称并不完全是指数量上的相等，也可以是指一种形态上的对称。

图 2-3-1就是这样一种常见的状态，看上去上下挂单都差不多，其实总数并不一样，买单比卖单多70手，但这并不重要，关键是看上去形态要接近，上下基本上都是两位数的挂单，上下各有一个价位是3位数的挂单，具体的数量并不是很重要。

在细节分析中我们并不追求绝对的精确，实际上股价分析本身就不可能精确，所以我们认为图 2-3-2是非对称的，因为卖②的数量级是4位数的，明显超过其他价位的数量。

如果交易是完全真实的，挂单也完全来自于市场，那么挂单的形态一定是对称的，这是我们进行细节分析的一个重要参考依据。

卖⑤	19.13	80
卖④	19.10	56
卖③	19.08	120
卖②	19.06	89
卖①	19.05	32
买①	19.03	10
买②	19.00	188
买③	19.98	90
买④	19.97	55
买⑤	19.95	98

图 2-3-1

卖⑤	19.13	80
卖④	19.10	56
卖③	19.08	120
卖②	19.06	1189
卖①	19.05	32
买①	19.03	10
买②	19.00	188
买③	19.98	90
买④	19.97	55
买⑤	19.95	98

图 2-3-2

四、小单的真实性

主力挂单的介入往往使我们无法了解市场真正的交易状态，因为主力的一些交易行为并不代表真实的市场买卖意愿，其目的很有可能只是做给市场看的，这就会影响到我们的研判，所以当我们想要了解市场的真正意愿时就应该把主力参与的这部分去掉，但这是非常困难的，一旦主力的交易行为掺杂其中，我们是不可能做到完全准确地把这些非自然交易的单子去掉的。不过有一点我们应该注意到，主力参与的结果只能是单向增加成交量或者增加挂单，因为几张零星的单子也不会引起市场的注意，所以主力很少会用几张小单子来干预股价，实际上小单子也干预不了什么，因此盘面上的小单子我们基本上可以看成是市场的单子，换句话说小单子是真实的，是市场自己挂出来或进行交易的单子。

不过有时候小单子也会有一些猫腻。

比如市场交易比较清淡，主力也没有大规模干预股价的计划，不过就是进行一些适当的护盘，使股价尽量相对大盘走得强一些，这时候主力也会用一些小单来迷惑市场，造成市场自然交易的假象。尽管这样做主力可能会不得已而增加一些仓位，但对于主力巨大的持仓量来说增量是可以忽略不计的。

对于这种现象的研判还需要借助于其他的细节分析。

五、重视换手率

我们知道成交量这个指标很重要，因为它能体现供求关系的变化。然而它也有缺陷，因为不同的个股它的流通盘是不一样的，所以同样的成交量对于不同流通盘的个股来说意义完全不一样。

比如甲股和乙股某天都成交了 300 万股，这个成交结果告诉我们什么？其实什么也没有告诉我们，因为连成交量是大还是小这些最起码的信息都没有提供给我们。但如果我们知道甲股的流通盘是 1 个亿而乙股的流通盘是 6 个亿的时候，这个成交量的数据对我们就有意义了，起码我们可以通过这个成交量知道当天的交易相对于个股来说是活跃还是不活跃。

只有加上个股的流通盘这个因素成交量这个指标才具有实质性的意义。

将成交量和流通盘结合起来的指标就是换手率。

$$换手率 = 成交量 / 流通盘 \times 100\%$$

上面提到的甲股流通盘为 1 个亿，成交量是 300 万股，那么当天的换手率就是 3%。

上面提到的乙股流通盘为 6 个亿，成交量是 300 万股，那么当天的换手率就是 0.5%。

显然，甲股的成交活跃度要远远高于乙股。

通常我们认为流通股就是上市公司公告的无限售条件的流通 A 股，也就是在总股本中的 A 股去掉有限售条件的 A 股以外的股份，从更长远的时间概念上来说流通盘就是全部 A 股(除去极少数高管持有的股份)。不过实际情况还是有差别的，主要是绝大多数的大股东或者控股股东是不会轻易在二级市场上卖出股票的，所以我们在分析市场的时候应该把这一部分筹码从流通盘中去掉。

从本质上来说成交量是一个绝对量的指标而换手率是一个相对量的指标，既然是相对量的指标就可以进行横向比较，所以我们更注重换手率这个指标。

不过对于不同流通盘的个股其差异会非常大，所以我们一般在流通盘相对接近的个股中用换手率进行研判。

换手率的高低以及高低变化与主力资金的介入有很密切的关系。

一般来说，如果换手率明显偏低的话主力资金在其中活动的可能性非常小，即使有所活动也不会掀起大的浪花。如果换手率明显提升的话则。有两种可能(排除大盘暴跌暴涨的情况)，一种是个股在一些消息面的影响下受到市场短线资金的冲击，另一种则是主力运作的结果。

不过有一些另类的意外发生也会导致换手率的变化。比如由于某种原因主力换了一个操盘手，而两个操盘手的操盘风格有较大的差异。前一个操盘手喜欢顺势而为，尽量不过多干预市场，也排斥对倒之类的违规手法，因此换手率就会比较低。而后一个操盘手喜欢利用推量(是一种广义上的并不违规的对倒行为)来吸引市场，这样换手率就会明显上升。

这种非主流的因素会有不少，因此需要我们在研判中更加仔细地进行观察。

由于过低的换手率一般属于市场自然交易的结果，所以我们通常只对换手率提升的个股感兴趣，当然光靠换手率是远远不够的，对于常见的一些换手率变化特征我们已经有了以下一些初步结论。

特征 1：换手率激增，股价波动不大，大盘变化不大

这是一种出现频率并不低的现象，它表明有大量的筹码在较小的区域里进行换手。

在股价波动很小的情况下交易量也应该是相对较小的，因此换手率激增是一个反常的现象，用细节分析的术语来说就是非自然交易现象。它的结论很简单，就是有一批单子约定在此价位附近进行换手。

这是一种事先说好了的交易，非常有研究价值。

交易的双方有几种可能性：

可能性 1：老鼠仓，即主力把部分筹码倒给自己或者朋友的暗仓，使暗仓在主力推升股价后获利。

可能性 2：大单锁仓，即主力把部分仓位移到另外一张大单上。这张大单可能来自公募或者私募基金，也有可能来之其他机构或某个个人大户。这种仓位的转移是有约定的，接盘者套现有一定的约束，比如时间或者价格什么的。主力这样做一般有两个目的，或者是希望其他资金帮自己进行锁仓从而减轻主力的资金压力，或者是某种其他交易的一部分，比如相互锁仓(各自锁一些对方运作个股的仓位)等等。

可能性 3：大单退出，即某张大单将筹码倒给主力。这是可能性 2 的众多结果中的一种，在大单锁仓一段时间以后主力有可能会按照原先的约定将大单重新接回来，从而兑现承诺。

至于具体是哪一种可能则需要其他细节进行佐证。

特征 2：股价大幅度上涨后换手率回落，接着股价随大盘波动

在大幅度上涨的过程中股价肯定是跑赢大盘的，然后股价继续随大盘波动。表面上看是属于随波逐流，实际上股价已经是在上了一个台阶的基础上随大盘波动。除非在前面股价的上涨过程中有基本面的影响，否则股价就是被主力推升上来的，而且现在的换手率进入正常状态，表明主力活动并不积极，因此目前的价位很有可能只是主力推升过程中的一个暂时休息的港湾而已，随着时间的推移，股价还会有一次明显走强大盘的机会，因为至少到目前为止主力还没有出逃的迹象。

特征 3：连续多天换手率始终处于高位，股价也随之大涨并远强于大盘

这种现象也是经常出现的，股价与换手率同步上升。

这种特征有多种可能性：

可能性①：消息面的影响，这种可能性出现的频率最高。

可能性②：主力进入推升股价阶段。

可能性③：主力拉高建仓。

换手率这个指标在细节分析的初级阶段还不重要，主要是用在日 K 线图的研判中，《看盘细节》一书中的案例多有涉及这个指标。

六、广义对倒

对倒是一个市场上的常用词，它是指股票交易中成交的买卖双方来自同一个交易者，属于同时既买又卖的性质。这种现象以前经常会在主力运作股价的过程中出现，所以是属于主力与市场进行对话的一部分。不过随着市场法规的不断完善，以前那种对倒式的交易现在已经属于违规和违法，因此敢于冒犯者需要胆量，相信随着时间的推移以后这种交易方式会越来越少。

尽管直接对倒的现象会逐渐减少，但一些类对倒现象或者称为广义对倒的现象会逐渐增加，由于这种广义对倒的手法已经完全合规合法，因此会越来越被主力操盘手所采用，我们也必须及时改变思路跟上主力操盘手法的变化，以便于从更深层次了解主力的意图，更好地与主力进行盘中对话。

广义对倒的本质与对倒是一样的，也是既买又卖，不过对倒中的既买又卖是同时进行的，而广义对倒中的既买又卖并不是同时进行的。

下面是一些目前较为常见的广义对倒现象。

案例 1：涨停板对倒

主力将股价推升至涨停价，然后用大单封住。随着时间的推移市场会进来一些买单，这些买单自然也会挂在涨停的价位，不过从次序上来说应该排在主力挂单的后面。

我们只能看到总的挂单数量，并不知道其中有多少是主力的挂单，又有多少是市场的散单。但主力是知道的，而且主力基本上可以准确地判断出自己挂单的排位，这样也就知道市场挂单的数量和排位。

接着主力操盘手要做这样两件事情：把排在的前面买单撤下来，同时把同样数量的买单再挂上去。

这两件事情先做哪一件并不重要，关键是结果。

除非一直在观察，否则我们不会感到有什么变化，因为挂单的数量没有变，这就是主力操盘手希望的结果。

实际上有很大的变化，因为排队的次序换了，现在排在最前面的是市场的挂单而不是主力的挂单，原来挂在前面的主力挂单已经排到了最后面。

接着主力操盘手做了第三件事情，抛出一笔相应数量的单子将市场的接单系数砸掉。

主力再做第四件事情：立刻将同等数量的买单挂上去，当然还是排在末位。

经过这样一连串的操作之后整个涨停板价位上的接单数量仍然基本不变，我们只看到成交了一些筹码，但对于主力来说已经卖出了一些筹码。

不过经过这个轮回以后主力的挂单又排在最前面了，这张挂单不一定是主力刚刚挂上去，因为原来的挂单数量很多，主力也挂出了很多张挂单。

但市场上也会不断有抛单砸出来，所以此后的市场抛盘很有可能是主力接下来的。

在此不断轮回的交易过程中我们肯定不知道主力是买进的多还是卖出的多，但主力操盘手很清楚，如果其中市场接单较多的话主力就会采用前面那一套手法继续卖出。不过从理论上来说市场上本身的抛盘主力也应该接下来不少，所以结果就是在这个涨停的价位上主力不断地在买进和卖出。

尽管整个交易过程中主力操盘手并没有同时进行既买又卖的操作，但结果是一样的，主力不断在这一价位进行买进和卖出，本质上还是在进行既买又卖，只不过这是合规合法的。

主力操盘手这样做的目的是为了保证市场上的接单肯定成交。因为主力挂的接单有时候可能很大，所以理论上存在后面的市场接单成交不了的可能，而且市场接单还有撤单的可能。所以主力这样做的意图就是尽量提高市场的平均持筹成本。

我曾经在《看盘细节》一书中讨论过“封不住的涨停”这一现象，这也是一个出现概率并不低的案例，结论很明确，如果我们已经熟悉细节分析的话应该记住这个案例，分析过程可参阅《看盘细节》。

案例 2：跌停板对倒

与前例涨停板的广义对倒相似，只是方向相反。

案例 3：小区间震荡

某股流通盘并不大，不过上下 5 档的接单位置上全部都是大单，而市场本身的成交量又不大，所以交易的价格就被限制在很小的范围内进行波动。

从换手率等角度考虑，我们可以确认这些挂单属于主力的非自然挂单。

主力这样做的目的是给市场一种股价既不会上涨也不会下跌的感觉，这样就可以压制住一些冲动型的市场单子。不过总会有市场的单子出来，所以就形成了主力与市场在一个很小的价格区间里进行交易的状况，主力的对手单子基本上是市场的单子。

实际交易情况是这样的：买①、卖①或者买②、卖②基本上以主力的挂单为主，因为市场没有那么多的挂单，因此当股价不断地在买①、卖①或者买②、卖②进行波动时，主力的挂单不可避免地会不断成交，最后的结果就是主力成交了不少买卖单子。尽管这些单子的买卖价格会有所差异，但既买又卖这个性质是一样的，所以仍然属于广义的对倒范畴。

案例 4：瞬间向下砸盘

下档接盘明显大于上档挂单，突然出现一笔或者多笔大抛盘，瞬间将下档接单砸掉，随后股价立刻上涨。由于接单价位的迅速提高，原来被砸掉的接单价位已经消失。

这种现象本书后面会有更具体的案例分析，这里只是说明广义对倒的特性。

由于主力在瞬间的砸单之后立刻上推股价，所以需要打掉上档压着的卖单，这样就会买进筹码，也就是说在很短的时间内主力还是在既卖又买，所以同样属于广义对倒的范畴。

一般情况下在下档的挂单中会有一些主力的接单，因此要完全规避政策风险的话只要在砸单之前先撤掉自己的接单就可以了。

可能我们会觉得主力这样做亏了，因为严格来说主力这样交易是典型的低卖高买。就微观而言主力确实经常会这样做，对此我们要有清晰的认识。不过这并不表示主力最后会亏损出局，因为主力已经在更低的价位建立了大量的底仓，现在这些区区的亏损对总仓位成本的提升几乎可以忽略不计。

以上几种广义对倒现象我们可以在盘中多加注意。

由于主力在推升股价的过程中并不愿意再增加仓位，而阶段性增仓又是不可避免的，所以主力会时刻想着减仓，因此会有更多的广义对倒现象出现。对于我们来说不但要能够判断出主力是否在进行广义对倒，还要揣摩主力的意图。

主力进行广义对倒的目的通常有三个：一是为了强行提高市场的换手率，二是阶段性减仓，三是企图全身而退。

由于对倒交易的数量比较接近而广义对倒的数量会有较大的差异，所以研判的重点是主力最后的买卖差，到底是买得多还是卖得多，这样对于我们了解主力的意图会很有帮助。

七、大单

在进行细节分析中研判大单是不可缺少的一个重要环节，主力经常通过大单的交易与市场进行对话，大单也成为主力运作股价的一个不可或缺的工具，在很多情况下我们是通过大单才关注到主力的，所以对于大单的重要性要有一个充分的认识。

对于交易中出现的一些大单我们可以通过四个步骤进行研判。

步骤 1：确认大单

到底多少才算大单，这本身是无法下定义的，因为个股的流通盘会有很大的差异。流通盘大的个股其参与的交易者就会相对多一些，所以大单的概念也要大一些。比如对于工商银行(601398)之类的超级大盘股来说起码 1 万手以上的单子才可以被称为大单，而对于一些流通盘只有 1～2 亿的中小盘来说，几百手就是一张大单。

由于中小盘股的股价更容易被干预，所以主力介入的个股大多以中小盘股为主，我们也应该把主要的目标定在中小盘股上面，重点是流通盘不到 2 亿股的股票。对于这种规模的流通盘，正常的挂单应该不会超过 3 位数，所以只要出现 4 位数的挂单一般就可以认作是大单了，如果流通盘在 1 亿股左右，那么 300 手以上的单子就有可能是大单。

步骤 2：确认大单出现的合理性

大单的来源有多种，我们根据交易的自然性把大单分成两类，一类是市场自然交易的单子，另一类是非自然交易的单子。

我们关心的当然是非自然交易的单子，因此当大单出现的时候我们首先要判断这张大单属于哪一种类型，主要的方法是判断它的合理性或者说交易的自然性。

刚开始的时候要做到这一点可能有一定的难度，但只要我们结合近期以及当天的交易过程，再配合大盘的同步走势，这项工作应该是能够做好的。

一般情况下，只要是主力所为，那么一定会有它的非自然性和不合理性，本书后面的很多案例分析中都会有这个过程。

举个简单的例子，在临收盘时卖①的价位上挂出了一张 4000 手的卖单，这就是一张不合理(非自然交易)的大单。为什么呢？投资者自己可以先想一下。

本身交易就不太活跃，即使在交易时段这张 4000 手的挂单也不太可能成交。如果这张单子挂出来，那么市场就会不断有新的卖单挂在这张特大卖单的前面，价位也将更低，这样这张特大单就不可能成交。现在即将收盘，所以这张特大单就更不可能成交了。交易者挂出一张不可能成交的单子，其目的就不是为了成交。

既然不想成交，那挂出来又是为了什么呢？对于刚进入市场的投资者来说可能有些不可思议，结论很简单，这张单子挂出来就是让市场看的，因此它不是一张合理的单子，换句话说这是一笔非自然交易的单子。

至于这张单子挂给市场看的目的在后面的案例中会提到，这里就不再展开。

步骤 3：以市场心态研判

当我们确认是非自然交易的大单后就必须来解释这张单子。

我们知道，主力把局做出来是有两层意思的，头层意思是希望市场知道的，所以市场一看就能够理解；而另一层意思是主力的真实意图，往往是不希望市场知道的，这就需要我们费些功夫。

不过主力的两层意思我们都需要知道，所以先考虑市场看到这张大单会怎么想，在这里我们要用到前面第一章说过的市场自然交易心态。

比如是大卖单，那么就是抛压沉重，市场反应就是股价应该下跌，市场会有卖单跟着出现。这就是市场看到这张大单后得出的结论，也可以说是主力希望市场得出的结论，是主力的头层意思。

我们要记住，在大多数情况下市场是非常相信这种结论的。

股价最后是由市场来决定的，所以我们在投资股票的时候始终不要忘了市场的心态，在细节分析中也是如此，我们总是先考虑市场的心态，然后再分析主力的真实意图。

步骤 4：研判主力的真实意图

前面一步我们已经研判了市场的心态，接着是最主要的一步，就是分析主力的真实意图。

当市场被主力的假象牵着鼻子走的时候我们要始终保持清醒的头脑。主力通过大单直接告诉市场的意图往往不是真实的意图，而我们需要了解的是真实的意图。

不过也会有例外的情况，有些时候很明显的结论就是主力的真实意图。

有一点我们必须记住，不合理大单的出现绝不会是孤立的，因此在分析大单的同时必须结合当时的其他细节一起进行，换句话说同样的大单异常现象在不同的情况下会有完全不同的含义。

八、细节分析的思考模式

刚开始进行细节分析的时候我们在分析思路上可能会有一种无从下手的感觉，不过没有关系，我们可以通过回答以下四个问题来进行，在《看盘细节》一书中我也曾经提出过类似的看法：

问题①：市场的真实交易状况如何？

问题②：主力要告诉我们什么？

问题③：主力要达到什么目的？

问题④：主力不想告诉我们的是什么？

以下根据一个案例来简单说明这种分析的思路。

这是一个个股成交量与大盘不同步的案例。

首先要做一些假设，某个股没有消息面上的变化，非大盘股，股价波动不大，大盘则处于一个下跌后缩量整理的状态。

在这种情况下该股成交量的变化应该是与大盘同步的，也就是说该股也应该缩量，可现在该股的量能明显放大，所以其中一定有非自然交易的成分，特别值得一提的是在成交过程中以主动性买单为主。

现在我们来分析这一细节。

实时交易过程显示与其他同类个股冷清的挂单不同，该股往往上下挂单数量较多而且交投也非常活跃。

由于交易的非自然性，所以我们可以断定其中有主力资金在参与，更贴切地说是主力操盘手在堆量。

既然能连续挂出大单就表明主力既不怕接下抛单也不怕自己的卖单被打掉。由于现在市场并未明显回升，所以出现抛单的概率要大很多，从这一点上来说主力如此挂单显然是不怕接市场的抛单——包括大抛单。

既然主力不怕接下市场的抛单，那么只有两种可能性，一种是主力在建仓，不过在股价下跌后用堆量进行建仓的方法是不切实际的。所以就剩下另外一种可能，就是市场上的抛盘其实并不大，主力即使把大单挂在那里也不会有大的抛盘。由此我们得知该股真正的市场交易其实已经非常清淡，这就是问题①的答案。

主力把大单子都挂出来并且堆量给市场看自然是有目的的，主力通常会利用一些市场的常见心态来达到自己的目的。

前面已经提到，大量的成交单子都是主动买进单，尽管上档会不断挂出新的大卖单，但主动性买单似乎力量更足，于是市场会这样认为："现在市场不好，抛盘多也很正常，但有如此多的主动性买单进场表明有大资金在建仓。"

这就是市场的常见心态，实际上也正是主力通过堆量想要告诉市场的，这就是问题②的答案。

"既然有大资金在建仓，那么我们现在买进就与大资金同步，所以我们考虑买进。"我们按照市场的逻辑进行思考后得出这样的结论，其实这就是主力想要达到的目的，主力就是希望市场跟着一起买进，这是问题③的答案。

由于主力没有在这里建仓的可能，所以市场的整个思路都是错误的，这是主力设下的一个局。

市场的心态就是"买单多了股价就会上涨"，因此主力这样做就可以轻易达到让市场来推升股价而不用自己来推升股价的目的，甚至自己还可以减掉一些仓位。这就是问题④的答案，其实下面一些结论也是问题④的答案。

以下是我们从以上的分析中得到的结论：

结论①：主力已经完成建仓。

结论②：主力在目前的时点和价位并不愿意推升股价。

结论③：主力在目前价位愿意减仓。

结论④：主力的持仓成本低于目前价位。

通过这个细节的分析，我们已经知道了不少主力不希望我们知道的事情，这对于我们进一步的分析和研判是非常有效的。

九、细节分析工具之一：指数叠加

行情分析软件为我们提供了很多功能，尽管其中的绝大多数很少使用，但有些功能对于细节分析是有帮助的，比如“叠加品种”就是 个相当重要的功能。

“叠加品种”就是在个股的走势图上面同时显示另一个个股的走势，一些软件还可以提供N个品种的叠加，但过多的叠加意义不是很大，因为叠加品种的买卖挂单是不显示的，这不能不说是一个缺陷。好在对于细节分析来说一般只关心一个个股，因此不妨将指数作为一个个股叠加上去，比如将上证指数叠加上去，这对于看盘很有帮助。

优点1：不用经常在个股和指数之间来回翻看

主力运作一般都会顺着大盘的势，尽管当天的交易时段并不长，但在四个小时的交易过程中我们还是会发现大盘上下起伏多次，而这些起伏会影响当天交易者的情绪，所以主力会很在意当天盘中大盘的走势，相应的我们也应该关心大盘的同期走势。

把指数叠加到个股走势图上以后我们就不用在个股和指数之间来回翻看了。

优点2：观察个股与大盘的趋势变化

指数代表的是全体股票的平均走势，其中有走得强的也有走得弱的。把指数叠加到个股上面以后我们就知道所关心的个股相对于大盘是强还是弱了。

比如在某个10分钟的时段内指数上涨而个股下跌或不涨，那就是个股弱于大盘。从理论上来说指数的波浪与个股的波浪应该是一样的，但实际上很多时候是不一样的，这其中的一些答案是我们要寻找的。

优点3：观察个股与指数的相对强度

除了浪形上的差异以外，通过叠加指数图我们还能大致看出个股相对于指数的强弱幅度，而且还可以做到精确的计算，这就有助于我们对股价的一些变化进行量化。

如果软件还能够提供一些指标的添加功能，从而在实时行情中观察相对强度指标(下一节将讨论)的变化那就更好了。

我经常在《上海证券报》的专栏上提到相对强度指标，用于研判个股相对于指数的强度，一般是用在K线图上的，不过借用“叠加品种”的功能我们是可以观察到个股的实时相对强度的，可惜现在很多软件还不能提供实时相对强度指标的添加功能。

优点4：研判交易的自然性

就走势而言，理论上股价应该是与指数同步的，我们观察大部分个股的走势都会证实这一点。也就是说只要指数出现拐点，个股的股价也会出现拐点，如果违背这一规律，就有可能出现某种不自然的交易形态。

不过对于特殊的案例还需要特别对待，比如一些成交清淡的个股。

有些盘子很小的个股每天的成交非常清淡，随着时间的推移以后还会出现整天不成交的个股。对于这些个股来说指数的波动对其影响是很小的，有时候由于没有成交所以在走势上根本就不会有反映，但可能会在挂单上反映出来。比如指数盘中转跌，个股尽管没有成交，价格走势依然是直线但卖方的挂单会增加一些，卖出的价格也可能会更接近买①的价格。如果出现这种挂单上的变化那也是正常的自然交易现象。

再比如一些超级大盘低价股。

对于一些成交量很大的低价股来说走势也有可能与指数不一致，但这种现象是正常的。这些个股由于价格较低所以波动一分钱的相对幅度就比较大，又加上盘子特别大，所以挂单的数量巨大，股价每天的交易区间就比较小，这样一些指数波动幅度不大的拐点在这些个股走势上很有可能显现不出来，不过如果我们仔细观察这些个股还是可以发现一些指数小拐点的特征的。这些特征一个是挂单数量的变化，另一个是成交的价格。比如在指数由上升转为下降的时候，某些低价大盘股卖①的挂单数量会增加而买①的挂单数量则会因为不断成交而减少。

十、细节分析工具之二：相对强度指标(RRI)

相对强度指标(RRI)是一个很简单的技术指标，但它所包含的统计意义对于分析股价的走势非常有用，我在《看盘细节》一书中已经提及。

这其实也是一个很容易想到的指数，因此有资料显示该指数早就成为经典指数，但使用的人非常少。

RRI 指数主要用于研判股价和指数的相对强度，它的计算公式如下：

RRI= 股价 / 指数×100

后面乘以 100 中的 100 是可以任意修改的，其目的只是为了使计算出来的指标结果更简单明了一些。现举例如下：

某日指数为 300 点，某股股价为 9 元，则当天 RRI 指标为：

RRI=9/300×100=3

如果指数超过万点(如香港恒生指数)，那么我们就可以把公式中的 100 换成 10000，这样看起来更直观一些。

RRI 指数在使用的过程中主要是看它的走势而不是某一点具体的数值，下面举一个实例。

某段时间内指数从 200 点上涨到 300 点，某股股价从 6 元上涨到 9 元，同期 RRI 指数的变化是从 3 到 3，实际上就是没有变化，如果不考虑中间的过程，股价的涨跌幅与指数是一样的。

同样的指数变化但股价是从 5 元上涨到 9 元，同期 RRI 指数从 2.5 提升到 3，上涨幅度很大，表明股价明显走强于指数。

如果仅仅只是用于计算时段内的涨跌幅度那么我们只要简单计算指数和股价的涨跌幅度就可以了，也不用再去设计 RRI 指标了，RRI 的真正作用是体现在时段内的走势上。

如果在时段内股价与指数每个交易日的涨跌幅度完全一致，那么时段内 RRI 指标应该是一条零角度的横线，没有任何变化。但这种情况只是理论上的可能，一般情况下时段内的 RRI 指标线是会有波动的，它的波动表明在时段内股价相对于指数的强弱变化。如果这个变化的幅度比较大，我们就要关心了，因为股价出现波动总有原因的，可能是有消息面上的因素，也可能是有主力在运作。

如果我们在看盘的过程中对某个个股发生了兴趣，那么近一段时间的 RRI 指标就可以作为一个研判主力的重要技术手段了。

RRI 指标可以用在实时行情中，但更多的是用在日 K 线图的研判中，当我们的细节分析能力出神入化的时候该指标是非常有效的。

在实时行情中通过叠加指数走势我们已经大致掌握了个股相对于指数的相对强度，而实时 RRI 指标体现的是具体强弱的量化程度。

由于现在大多数行情软件都具备了指标添加功能，所以如果在软件中找不到这个指标的话我们就可以把它添加进去。

这是一个非常简单的指标，但在研判主力动向的时候是少不了的。

第三章

常见细节分析案例

由于主力运作股价的目的比较一致，而可动用的操作手法并不多，因此只要有主力操盘手在运作，那么有一些非自然交易的痕迹是很容易暴露的，对于这些细节的分析在《看盘细节》这本书中已经介绍了不少案例，不过在本书中案例的分析将会有一些具体的分类。

在本章节中讨论的案例中的细节一般都是出现频率相对高一些的细节，所以我们把它称为“常见细节”。而在下一章节中我们将会讨论一些不是经常能见到的细节，最后一个章节是利用一些细节分析的方法介绍一些大单交易者的操作手法，这也是交易手法上一个被市场所忽视的地方，希望对大单交易者包括主力操盘手会有所帮助。

案例1　真实大单

图3-1-1是我们经常在盘中见到的某一瞬间的挂单情况。

卖⑤	11.10	52
卖④	11.09	62
卖③	11.08	80
卖②	11.06	13
卖①	11.05	148
买①	11.04	73
买②	11.03	83
买③	11.01	41
买④	11.00	121
买⑤	19.14	22

图 3-1-1

现在成交回报过来了，以11.04元成交了50手，通常我们把这样一次成交回报的结果称为“一笔”。其实我们知道，由于数据更新的间隔时间为5秒钟左右，所以这笔成交是5秒钟内的累积成交数量，不一定是真正的一张单子。

以上交易的过程是这样的：由卖家以买①11.04元的价格挂出一张动态卖单，卖出数量是50手。当单子报到交易所电脑主机以后就与原来挂在买①上的买单成交，按照先后顺序一共成交了 50 手。

我们来看这次交易的买卖双方。

卖方是主动性的卖单，一共 50 手，理论上存在由很多张小单子拼起来的可能，但只要满足一些条件我们还是可以把它看成是一张 50 手的单子，也就是说把 5 秒钟内报出来的单子基本上看成是一张单子。

这些条件我们罗列在下面：

条件①：个股流通盘比较小，通常在 2 亿股以下。

条件②：当天成交量处于中等偏下水平。

条件③：当前时段非当天交易活跃时段。

条件④：上下挂单处于正常状态。

再来看买方，原来一共有 73 手，但我们不知道这 73 手是不是同时挂出来的。如果这 73 手是过去某个时刻在 5 秒钟内挂出来的，那么我们不妨也把它看成是一张单子，如果不是一次挂出来的，那么就不是一张单子。

尽管这里只提到动态的卖出单子，但对于动态的买进单子也是一样的。

比如成交回报显示在刚刚过去的 5 秒钟里以卖①11.05 元的价格成交了 70 手，我们就认为有一张 70 手的动态买单报了进来并已经成交，至于原来挂在上面成交的 70 手是不是属于一张单子则不清楚。

在进行细节分析的时候经常会涉及大单，所以我们把成交回报中的大笔成交看成是一张单子会有很大帮助。

比如成交回报是以卖①11.05 元的价格成交了 148 手，现在挂单变成图 3-1-2 说明什么？

最大的可能性是：有一张 200 手的买单以卖①11.05 元的价格报进来，成交 148 手，还有 52 手没有成交而成为挂单，这张买单的报价 11.05 元就成为新的买①价格。

我们认为这是一笔主动性大单，但不能保证被成交的 148 手是一张大单。

再举一个例子，成交回报是以买①11.04 元的价格成交了 73 手，现在挂单变成了图 3-1-3，说明了什么？

有一张 300 手的卖单以 11.04 元的价格报进来，成交 73 手，还有 227 手没有成交而成为卖出挂单，这张卖单 11.04 元的报价就成为新的卖①的报价。

卖⑤	11.12	21
卖④	11.10	52
卖③	11.09	62
卖②	11.08	80
卖①	11.06	13
买①	11.05	52
买②	11.04	73
买③	11.03	83
买④	11.01	41
买⑤	11.00	121

图 3-1-2

卖⑤	11.09	62
卖④	11.08	80
卖③	11.06	13
卖②	11.05	148
卖①	11.04	227
买①	11.03	83
买②	11.01	41
买③	11.00	121
买④	10.98	22
买⑤	10.97	15

图 3-1-3

尽管用这种方法判断大单很容易，但我们要求做到非常熟练，这是非常重要的。

我们在进行细节分析的时候有很多事情要做，基本上没有时间来慢慢琢磨，所以对于这种简单的结论要求反应敏捷。

其实这样的判断也不一定是正确的，不过我们并不追求在细节分析的过程中做到完全的精确，实际上也不可能做到，因此这种方法还是可以接受的。

在深圳交易所提供的成交回报中有一个成交笔数的统计结果，但这是一种表面上的统计。

比如主力操盘手以每张单子10手共报出10张相同的单子，这在一些软件的下单终端是可以做到的，被称为“批量下单”，这10张单子就被交易所的电脑主机统计为10张单子，但其本质仍然是一张单子，所以还不如我们简单地把这5秒钟内的单子看成是一张单子更加实际一些。

这里也不得不说到有些具备10档显示功能的收费软件。这种软件不但显示上下各10档的买卖挂单情况，而且还可以将每一个价位上的挂单分开来显示，比如买①上面有73手挂单，软件还同时显示其中每一笔的具体数量，依次是12、50和11手。

尽管交易所把这些更细致的数据传了出来，但交易者是可以分开下单的，所以并不能说明什么问题，这也是我个人不推荐使用这种软件的理由之一。

案例2　空档的暗示

根据规则我们在递交买卖申请的时候买卖价位的最小变动单位是0.01元(单指股票而不是基金、权证或其他)。

比如现在买①的价位在8.80元，那么买②的价位最多是8.79元，这是我们都知道的。不过有时候买②的价位可能是8.78元或者更低，这就意味着在8.79元的价位上没有挂单，这种价位我们称为空档。

除了同向价位出现空档以外，在买卖价位之间也会有空档。

很多时候买①与卖①只是相差0.01元，但有时候差距会很大，这中间就出现了空档。

比如买①的价位是8.80元而卖①的价位是8.83元，中间出现了0.02元的空档。

到目前为止我们还很少关注空档，甚至根本就没有想过要去关注它。

如果是高价股出现空档是正常的。随便找一家40元甚至50元以上的股票我们就会发现几乎每一只个股的挂单价位都是有空档的。不过如果我们回到低价股中就会发现这种情况很少见，特别是对于一些价格特别低的股票。

有时候空档也会提示我们一些很有用的信息，下面的案例很说明问题。

某股股价在 4 元左右，某日交易中每隔 0.01 元就有 3 位数的挂单。

当时以 4.14 元成交，走势横盘。开市一小时后大盘出现一波较快的下行走势，该股也出现较大抛单，盘中的买①退到 4.10 元，但卖①没有变，出现了 4.10 元对 4.14 元的局面，如图 3-2-1。

卖⑤	4.18	552
卖④	4.17	422
卖③	4.16	580
卖②	4.15	334
卖①	4.14	418
买①	4.10	512
买②	4.09	423
买③	4.08	433
买④	4.07	539
买⑤	4.06	320

图 3-2-1

这就是买①与卖①相差超过 0.01 元的情况，空档现象出现，而且比较大。对于如此低价位交易的个股来说并不常见，但在大盘盘中快速下跌的过程中是有可能出现的。

接着如图 3-2-2 所示，在 4.13 元挂出了 87 手卖单，而在 4.11 元也出现了 177 手的买单。

现在为止一切都很正常，买卖双方都把目标降低 0.01 元，这是正常的交易状态，然而引起我们注意的下一单出现了。

图 3-2-3 是刷新后的挂单资料。

挂单情况表明 4.13 元成为买①价位并且还有 135 手的买单挂在那里，而其他的买卖价位和挂单都没有变化。

请注意这样一个细节：目前 4.12 元仍然是空档，也就是说在 4.12 元上没有挂单。

这里又出现了一次空档现象，不过这个空档是在同向价位中出现的。

卖⑤	4.17	422
卖④	4.16	580
卖③	4.15	334
卖②	4.14	418
卖①	4.13	87
买①	4.11	177
买②	4.10	512
买③	4.09	423
买④	4.08	433
买⑤	4.07	539

图 3-2-2

卖⑤	4.18	522
卖④	4.17	422
卖③	4.16	580
卖②	4.15	334
卖①	4.14	418
买①	4.13	135
买②	4.11	177
买③	4.10	512
买④	4.09	423
买⑤	4.08	433

图 3-2-3

有些市场散单不会太在乎这 0.01 元，因此偶尔出现也有可能是正常的，不过本案例似乎不是。

当时的情况是大盘继续维持下跌态势，相应的抛盘则在不断出来，该股 4.13 元价位上的接单连续被主动性的抛单砸掉，但很快又有接单进场使该价位重新成为买①的价位。4.13 元的价位在买①和卖①之间连续地变换着角色。

几经争执之后大盘止跌，4.13 元终究成为买①的价位。

尽管在这个过程中4.13元成为多空激战的要点，不过我们没有忘记的是4.12元这个空挡。

结果是这样的：在整个激战过程中4.12元始终是空档。

由于在下跌前股价在4.14元，现在下跌后4.13元仍然有接盘，因此这个4.13元的买①价位对于抛盘是有吸引力的，加上4.12元又是空档，似乎告诉卖家，如果4.13元被打掉了就只能以4.11元卖出了，而4.11元与原来的4.14元的差距就比较大了，有将近1个百分点的差距，所以这一态势对于卖家来说很容易产生卖出的冲动。

经过这样分析以后我们知道：在4.13元出现大量的抛单是正常的，但反过来买单就不太正常了。

既然4.13元不断被抛盘砸掉，大盘又在继续下跌，关键是4.12元是空档，因此买家一般会挂在更低的价位，即使买家比较着急也完全可以把买单挂在4.12元。而现在挂在4.13元的结果是引来更多的抛盘，所以买家的意图很明显，那就是希望能够买到更多的筹码。

由于高度的一致性，所以这些买单要么属于某张一次性的大买单，要么就是有主力在建仓，而且在时间上比较紧迫。至于到底属于哪一类单子则还需要观察和分析其他细节。

本案例分析的结论是：有大买单要完成，而且比较急。

案例3　贴面大单

如图3-3-1所示，买①价位是4位数挂单而其他为两位数挂单，上面的卖单基本上以两位数为主，只有个别是3位数。就在这时在卖①价位上挂出了一张4位数的卖单，与买①的大单形成贴面状(图3-3-2)，这就是我们要讨论的贴面大单。

现在我们要分析这张突然增加出来的1100手挂在卖①的挂单。

在细节分析中碰到单子以后一般应该先将单子的来源分析清楚。

我们把市场上的单子分成三种类型：市场的散单，一次性大单和主力的单子，也就是说对于任何单子来说都只有这三种可能性。

首先分析散单。

卖⑤	7.34	55
卖④	7.33	42
卖③	7.32	158
卖②	7.31	34
卖①	7.30	18
买①	7.29	1135
买②	7.28	77
买③	7.27	52
买④	7.26	23
买⑤	7.25	49

图 3-3-1

卖⑤	7.34	55
卖④	7.33	42
卖③	7.32	158
卖②	7.31	34
卖①	7.30	1118
买①	7.29	1135
买②	7.28	77
买③	7.27	52
买④	7.26	23
买⑤	7.25	49

图 3-3-2

如果确实有一张1100手的散单想卖出的话，通常有两种选择：

选择①：降低一分钱直接对准7.29元砸下去，可以保证成交。尽管与卖①7.30元的卖出价相比会损失1100元，但7.30元不一定能够全部成交。由于最后的成交结果具有不确定性，所以通常这种单子是不会计较1分钱的。

选择②：分批以较小的单子在7.30元的价位挂出，这样成交的可能性至少比现在直接挂1100手的可能性要大，因为大压盘会吸引市场的抛盘，容易导致股价下跌。

现在的结果是这1100手单子直接挂在卖①7.30元的价位上面，不属于前面两种选择中的任何一种，所以我们排除市场散单的可能。

再来分析一次性大单。

一般来说一次性大单是指无法通过一张单子就完成的大单，所以这张一次性大单的总数应该超过 1100 手。既然卖出的数量超过 1100 手，而且想要成交（一次性大单没有必要挂出来给市场看），那么这 1 分钱也是不可能计较的，所以这张单子唯一的选择就是直接以 7.29 元的价位卖出，至少可以保证成交 1100 多手。而现在交易者没有这样做，所以我们同样可以排除一次性大单的可能。

在排除了两种可能性之后就只剩下主力的单子了。

如果我们经常进行细节分析的话上面这个过程会很快，也就是当我们看到这个交易细节的时候就知道这是主力的单子，而且能够说出非常清晰的理由。

很多时候当我们看到某个细节的时候就会脱口而出这是什么结果，但如果没有深厚的细节分析经验的话还是小心为好。

现在我们来分析主力这样做的意图。

按照市场的逻辑，原来买①有大接单，而上面没有大压单，所以股价不会下跌。现在卖①出现了大压单，表明市场的卖压开始沉重起来，这似乎是一种趋势的转换，是股价从“不跌”的趋势转换到“要跌”的趋势。在这种思绪的影响下市场的互动作用开始显现，抛盘就会增加，也就是说这张大卖单的挂出将促使市场的抛盘尽快出来。

结果肯定只有两种，一种是继续没有抛盘，而另一种是抛盘确实增加了。

前一种结果说明市场上想出来的筹码确实很少，而后一种结果则表明市场上的浮动筹码还有不少，这些筹码原来之所以没有出来是因为奢望股价短期还能够上涨。

显然，主力的目的就是要看看这两个结果到底是哪一个，换句话说主力通过这张大单在测试市场的浮动筹码，而且这个目的一定能够达到。

图 3-3-3 是第一种交易后的结果，当时已经过去了 2 分钟。

其间买①的大接单被砸掉，随后股价下跌到 7.23 元，不过进来的买单很快将股价推升到下跌前的价位，这就是现在图 3-3-3 的状态。从中我们发现了什么？

原来挂在 7.30 元上面的 1100 手大单不见了，是撤下来砸给当时挂在买①价位上的大接单了吗？我们看得很清楚，当时买①价位上的大接单被砸掉的时

卖⑤	7.34	55
卖④	7.33	34
卖③	7.32	110
卖②	7.31	23
卖①	7.30	54
买①	7.29	13
买②	7.28	32
买③	7.26	54
买④	7.25	90
买⑤	7.23	12

图 3-3-3

候这 1100 手大卖单还挂着，而后来的成交回报中也没有大单子，所以只有一种可能就是这张 1100 手的单子被撤掉了。

这种走势显示市场仍然有一些浮动筹码，在买①的大接单被砸掉以后出现了一些恐慌，导致抛盘纷纷砸出从而使股价跳水，但股价随后的快速回升一定是主力直接干预的结果，说明主力确实是在测试市场的浮动筹码，而能够将股价快速拉回也表明市场后续的浮动筹码不多。

图 3-3-4 是另外一种交易后的结果。

卖⑤	7.34	55
卖④	7.33	42
卖③	7.32	58
卖②	7.31	34
卖①	7.30	12
买①	7.29	40
买②	7.28	77
买③	7.27	52
买④	7.26	23
买⑤	7.25	49

图 3-3-4

两分钟后市场仍然没有大的抛单出来，接着出来一张 4 位数的大单砸掉买①的接单，然后是另一张大单打掉卖①的挂单。图 3-3-4 的价位与图 3-3-2 是一样的，只是买①和卖①两张大单没有了。

其实这两张冲进来的大单都是主力的，你可以掩上书本想一想其中的道理，然后再继续阅读本书。

我们在分析中经常会用到反证法，这在很多场合是非常有效的。

假设前面一张大抛单是市场的，那就表明市场的浮动筹码很多，后面或许还会有更多的筹码抛出来。在这种情况下主力应该继续观察市场的抛单，因为这本来就是主力的目的。当然主力确实是接下了这张单子，但这是在事先就做好这样的准备的。至于上面那张卖①的单子要么继续挂着要么撤下来，但没有必要自己去打下来，所以后面那张大买单也应该是市场的。

既然市场上有大卖单在砸出来，那么就不会有大买单往上打，即使有大买单想交易也应该挂在下面，根本不用这么着急。

所以前面的假设是错误的，也就是说前一张大抛单不是市场的。既然排除了市场单子的可能性，那么就只可能是主力自己所为。

主力自己将下面的大接单砸掉，实际上是自己在交易，给市场带来的是股价下跌的预期，因此市场上不可能瞬间就有大买单将卖①的大挂单打掉，所以后面那张大买单也是主力自己干的。

主力自己砸掉接单然后再打掉挂单的目的很明显，就是为了吸引市场的眼球，在市场中唯有成交量是最能够吸引市场眼球的。

在吸引了眼球之后再推升股价可以更有效地吸引市场买单。

贴面大单多系主力所为，它的目的在于试探市场的浮动筹码。如果没有大抛单出来就自己干掉然后上推股价，如果确实有大抛单就先消化再说。

这一细节同时告诉我们：至少主力认为目前的浮动筹码特别是大抛单已经不多。

案例 4　不计较的收盘价

在分析中我们常用的股价有这么几个：开盘价、最高价、最低价和收盘价，不过其中最主要的还是收盘价，因为它对市场的影响最大。对于一直在揣摩市场意图的主力来说自然也十分清楚这一点，所以收盘价也是重中之重。不过有的时候我们也会发现主力似乎很不在乎收盘价，这一点就值得关注了。

某股近期有主力资金在运作，股价走势强于大盘，图 3-4-1 和图 3-4-2 是两种收盘情况。

卖⑤	9.30	55
卖④	9.28	34
卖③	9.25	10
卖②	9.23	3
卖①	9.22	24
买①	9.21	313
买②	9.20	232
买③	9.19	454
买④	9.18	1190
买⑤	9.17	312

图 3-4-1

卖⑤	9.30	55
卖④	9.28	34
卖③	9.25	10
卖②	9.23	3
卖①	9.22	1024
买①	9.21	313
买②	9.20	232
买③	9.19	454
买④	9.18	1190
买⑤	9.17	312

图 3-4-2

先分析图 3-4-1。

其特点是下档接单都在 3 位数或以上，但上档挂单却是两位数甚至只有 1

位数，收盘价停留在买①的价位，为 9.21 元，当天共成交 300 多万股。

大致计算一下，上档的卖出挂单一共是 126 手。如果将收盘价推升到 9.30 元的话这些挂单是要吃进来的，再加上动态抛出来的一些筹码，最多不会超过 3 万股。因此在最多增加不超过 3 万股的情况下收盘价可以推升近一个百分点，这是一笔非常划算的买卖，然而现在主力操盘手却没有做这笔买卖。

特别说明：现在深市是以最后三分钟集合竞价的方式确定收盘价，而沪市是最后一分钟的均价，因此在深市做收盘价代价要大一些。不过可以利用一些合理的规则，比如在临近收市的时刻再做，或者在开始的时候压低一些价格等等，这样代价就会小很多，而且还可以在最高价的地方挂一些大单子，当然最后的买单也要大一些以确保高价位收盘。

回到本案例。

我们可以设想有多种可能性。

可能性①：主力没有资金。

可能性②：主力害怕会有更多的抛盘出来。

可能性③：主力怕被市场看出来。

可能性④：主力对目前价位收盘已经很满意。

任何一个主力也不会拮据到连买进 300 手的资金都没有的地步，所以以后我们始终可以排除可能性①。

根据“小单真实性”的原则，下档的市场接单也应该是像卖出的挂单那样以小单为主，但现在上下挂单数量严重失衡，毫无对称性可言，所以这么多的挂单其中大部分应该是主力所为。既然主力挂出来就有可能成交，至少在买①和买②是很容易成交的，这就表明主力并不怕更多的抛盘，这样我们就可以排除可能性②。

既然很多挂单是主力干的，也就是说主力已经进场干预股价，所以就不存在主力怕市场看出来的可能，因此我们排除可能性③。

结果只有一个，就是可能性④。

既然主力对买①这个价位已经满意，自然也就没有必要再增加一些筹码而推升收盘价。

这是一个初步的结论，有时候通过这个结论我们还会有一些另外的发现，姑且称之为推论。

从下档的接单来看，主力是希望当天的收盘价收在 9.21 元左右就可以了，不过主力是完全有能力继续推升股价的，只是选择了放弃而已，这又是为什么？只有一种可能，那就是目前的价位离主力运作的最终价位还有不小的空间。

价位是主力是否要全身而退的重要因素。如果到了全身而退的价位时主力是会非常在乎收盘价的，因为这个时候需要市场的接单进场承接。反过来也可以这样说：如果主力不在乎收盘价就表明主力的目标价位还远没有到。

如果急吼吼地操控收盘价反而会有可能是主力想出货。

既然主力已经告诉了我们股价还有不小的上升空间，尽管我们还不知道主力最终的目标位是多少，但至少现在我们不用很着急地筹划卖出，甚至还可以考虑继续加仓。

再来分析图 3-4-2。

与图 3-4-1 唯一不同的是在卖①的价位上有 4 位数的大卖单挂着，这张卖①的大挂单值得研究。

由于卖①与买①只是一分钱的差异，所以这张大卖单可以被认定为不是真正想成交的单子，也就是非市场自然挂单，这种挂单只有主力才会去挂。

除去那张大卖单之后情况就与前面的图 3-4-1 一样了，所以我们也可以得到与上面相同的结论，不过由于多了这张大卖单所以我们还可以得到更多的一些信息。

前面的案例分析显示主力希望收盘收在 9.21 元左右，其实还有另外一种可能性就是收盘价高于 9.21 元，因为上档没有大的挂单，市场有可能自己就把收盘价推上去了。

不过现在的情况有一些差异，因为在卖①上面有一张大单，所以收盘价是不可能高于卖①9.22 元的价位的，因此主力希望的收盘价就是 9.21 元或者 9.22 元。另外由于卖①的挂单也同样有可能被市场干掉或部分干掉，所以主力是有减仓意愿的，这样我们就知道股价已经远离主力的成本区了。

前面我们只知道主力还没有考虑全身而退但不知道是否已经脱离了建仓成本区，现在的情况说明尽管主力离最终的目标位还有距离但已经远离了建仓区。

显然多了一张挂单就会给我们更多的提示。

从结果来说，主力不计较收盘价对于市场应该是一颗定心丸，尽管不在主力的建仓区但离目标区还比较远，但反过来不一定成立。

也就是说如果主力很计较收盘价则不一定表示股价就将见顶或者主力还在建仓区，其中没有必然的联系，有时候主力在推升股价的过程中也非常计较收盘价。

案例 5　拉升前的瞬间打压

本案例经常会在盘中出现。

某股交易平静，股价变动幅度不大，不过下档的接单在逐渐增加，如图 3-5-1，但这些买单似乎非常在乎一两分钱的差价，所以只是静静地挂在下面，并没有主动往上打的意愿。

卖⑤	8.93	34
卖④	8.92	54
卖③	8.91	36
卖②	8.90	22
卖①	8.89	99
买①	8.88	310
买②	8.87	221
买③	8.86	352
买④	8.85	213
买⑤	8.84	313

图 3-5-1

终于指数开始回升了，而且相对升势比较明显，上升角度较大，表明盘中大多数个股的股价都有了回升，此时该股也开始打破原先平静的交易状态。

我们预期该股也会出现一些主动性的买单将股价推高，然而实际情况却完全相反。

突然出现的是一笔报价为 8.85 元的 1100 手大抛单，将下方的几个价位悉数砸掉，挂单变化到图 3-5-2，其中已经成交了 1096 手，剩下的 4 手还挂在卖①8.85 元的价位上面。

卖⑤	8.92	54
卖④	8.91	36
卖③	8.90	22
卖②	8.89	99
卖①	8.85	4
买①	8.84	313
买②	8.83	43
买③	8.81	32
买④	8.80	154
买⑤	8.79	15

图 3-5-2

我们愤怒了，很明显股价是不可能涨上去的，所以不愿再看，于是换到其他个股，不过当我们再次回到该股时，却惊异地发现股价已经扶摇直上。

现在我们来分析这个细节。

由于后来股价的上涨幅度明显超过指数的同步上涨涨幅，所以在这么一个时间段内股价是被主力所操控的，这一点很容易获得认同，关键是前面那张 1100 手的大抛单。

由于抛单很大，所以可以排除市场散单的可能，这张抛单只可能属于某张一次性大单或者主力。

用反证法来回答这张大单的归属问题。

如果这张大抛单是某张一次性大单，那就意味着后续应该还有抛单要出来，甚至不乏大抛单，这是很容易想到的，想必主力操盘手也不会忽略这一点。

既然后面可能还会有大抛单，那么最起码来说应该先等一等，看看是不是确实还有大抛单出来，也许还可以在下面再挂一张大接单试试。不管怎么说在这张 1100 手的大抛单刚刚砸出来的情况下主力是不会贸然往上推升股价的。

然而实际情况就是这样，在大抛单出来之后股价就被快速上推而且涨幅明显超过了大盘。

所以我们可以排除这是一次性大单的可能，换言之这张1100手的大抛单是主力所为。

主力既然要往上推升股价，那为何还要往下砸盘？

这是主力在运作股价中会经常用到的一种手法，我们必须要了解和掌握。

主力操盘手在完成建仓之后的主要工作就是借势推升股价，完成这一工作所能用的工具就是资金和筹码。由于在推升股价的过程中会增加筹码，导致仓位提升，所以主力操盘手始终会想办法减少筹码以降低新增的仓位，否则一味增加的仓位将会使主力资金枯竭而无法完成最终推升股价的目的。

为了保留一定的资金实力，主力操盘手在推升股价的阶段始终要考虑两个重点问题：既要让股价上涨又要使新增仓位尽可能的低。

推升股价必然会增仓，所以只要有机会主力操盘手就会不断地减仓。

本案例就是一个减仓的动作。

尽管我们已经知道，在下面挂着的接单中有一部分是主力自己的单子，但其中还是会有一些市场的单子。至于其中有多少是市场的接单我们无法知道，但主力很清楚，操盘手只要把挂单总数减去自己的挂单数量就可以了。

不过根据1100手砸出来这样一个结果看其中市场的接单应该还是不少的，否则主力就没有必要来这么一下子。

主力为什么不选择在其他时间做这件事呢？比如更早一些的时间。

要回答这个问题必须先回答以下这个问题：一笔大抛单砸出来的后果是什么？

很明显，最直接的后果就是带出市场的抛盘。因为大抛单会给市场一个强烈的信号，以为股价要下跌，所以接着就会引出大量的市场抛单并很有可能最终导致股价下跌。

主力没有提前做这件事，表明主力不希望因为自己减掉一些仓位而引起股价下跌。

不过主力还是很想减仓，所以只能在推升股价前的一瞬间将大单砸出。随着股价瞬间快速回升，市场基本上不会注意到前面的一笔大抛单。即使注意到了，反正股价也上涨了，也就不会再担心什么，这样主力就达到了既减仓又不带出抛盘的双重目的。

现在主力通过推升股价告诉市场什么？无非就是股价要涨，但主力真正的意图还需要我们来挖掘。

根据以上细节分析我们可以得到以下结论：

结论①：主力已经不在建仓期，至于是否被套则单靠此细节仍无法确认。

结论②：主力已经很不情愿再增加仓位，表明主力的存量资金不会很多。

结论③：主力只是借势运作，不会逆势强行推升。

更进一步我们还能得以下的推论：

该股近期没有基本面上大的变化，股价总体随大盘涨跌但有可能相对强一些。

或许投资朋友可以自己先想一下这个推论是如何出来的。

其实用反证法就很简单。

如果该股近期基本面有变化，主力当然会比我们早知道，或者说现在就应该已经知道，在这种情况下主力应该有更大力度的推升动作才对，而不是现在这样先考虑卖出一点再推股价。

案例6 跳价扫单

对于数量不多的买家来说即使比较着急也是可以按照卖①的价格进行申报并成交的，但对于一些数量相对较多的大单来说有时候按照卖①的价格难以全部成交，当然多余的单子可以继续挂在上面。不过有些单子并不是这样操作，而是直接提高价格以保证成交或绝大部分成交。

图3-6-1是原来的挂单情况，结果报进来一笔动态买单，成交回报显示这笔动态买单为813手，现在的挂单变为图 3-6-2。

由于图3-6-1的挂单数量基本对称，因此我们大致可以排除主力在其中大量挂单的可能性，也有可能该股根本就没有主力在参与运作，因此这一笔动态的813手可以被认为是某张一次性的大单。我们并不知道这张一次性大单有多大，或许这一笔就完成了，或许这一笔只是其中的一部分。

卖⑤	14.85	132
卖④	14.81	98
卖③	14.80	280
卖②	14.79	153
卖①	14.78	170
买①	14.77	120
买②	14.76	88
买③	14.75	210
买④	14.73	175
买⑤	14.72	131

图 3-6-1

卖⑤	14.95	90
卖④	14.90	65
卖③	14.88	132
卖②	14.87	98
卖①	14.85	20
买①	14.77	120
买②	14.76	88
买③	14.75	210
买④	14.73	175
买⑤	14.72	131

图 3-6-2

值得我们注意的是这张 813 手的单子(可能只是某张一次性大单的一部分)是以 14.85 元进行报价的，而当时的卖①价格是 14.78 元。当然，在 14.78 元价位上的挂单数量只有 170 手，远没有到 813 手，为了买到这 813 手，交易员将价格提高了 7 分钱，结果这张单子将 14.85 元及以下的挂单基本拿下。

我们称这类单子为“跳价扫单”。

“跳价”就是报价远高于卖①，而“扫单”就是将报价以下的单子全部买进。

从挂单的情况看要想成交这 813 手也可以采用多次报单的方式，一般来说会比现在这样的成本要低，不过现在交易员采用了“跳价”的手法是我们感兴趣的。

由于这 813 手成交以后下面的买①价格并没有提高，因此按常理市场会认为这只不过是一个心急的交易者想尽管完成交易而报的跳价单，与整个交易关系不大。这样卖单重新会挂在 14.85 元以下的价位，14.79 元甚至 14.78 元也有可能重新成为卖①的价格，买卖挂单的价位又会回到与图 3-6-1 接近的状态。

如果说接下来交易正常了，那么这张 813 手的买单确实是一张心急的跳价单，还不能完全算“跳价扫单”。不过通常情况下会出现重复的变化，也就是在回到图 3-6-1 的状态之后再现大单跳价扫货的一幕，这就不能解释为是某张心急的跳价单了。

当一个非自然现象连续发生之后事情就有可能产生质的变化。

单子的来源仍然只有三种可能性，不过市场散单是可以排除的，一次性大单无法排除，那么主力的大单呢？

尽管一次性大单数量很大，但相对于主力的持仓来说还是小菜一碟。尽管某些基金的一次性大单数量可达百万股(中小盘股)，但主力的持仓至少在千万股以上，这是数量级上的差异。这一数量级上的差异导致主力在建仓时不会采用“跳价扫单”的方式，因为这种做法只能将股价推高，对于建仓极为不利。

除了建仓阶段以外主力并不会主动买进这么多的筹码，所以我们可以排除主力单子的可能。

我们只能把这些单子认作是同一个交易者手上的某张一次性大单。尽管这张一次性大单的数量我们不知道，但只要我们进行累加，最后会得到一个相近的数据。

结论很简单，就是某张一次性的大单，交易员正在试图以尽可能快的方式来完成这张单子，表明时间比较急，而且一次性大单的限价应该是在 14.85 元。

对于这种“跳价扫单”我们非常有必要关注。

有时候主力在完成建仓以后会让某些一次性大单建仓，因此如果我们没有注意到主力的建仓过程，这张“跳价扫单”会提醒我们。

还有的时候尽管没有主力的参与，但由于这张一次性大单非常大，因此其背后的机构对这家公司的基本面肯定是有把握的，这就等于从基本面方面为我们把了关。

就短线来说由于这张一次性大单的参与会促使股价的上涨。

案例 7 定价扫单

“定价扫单”是扫单的另外一种形式，仍以案例 6 的图 3-6-1 为例，如果后来没有出现 813 手的成交回报而是只有 583 手，那么成交价就是 14.80 元，现在的挂单情况与图 3-6-2 有一些区别，卖①的价格是 14.80 元而不是 14.85 元。

接下来重复前一案例的情景，随着卖单重新挂出，卖①的价位重又回到 14.78 元同样地，接着再出现买单将 14.80 元以下的挂单打掉。

与案例 6 的不同点在于报价，案例 6 的报价高于卖①价格 7 分钱，而现在只高了 2 分钱。

这种单子仍然属于扫单但不能算跳价，对于这种类型的扫单我们称之为“定价扫单”。就本案例来说就是在 14.80 元以下扫单。

“定价扫单”与“跳价扫单”的本质是一样的，不过两者的价位不一样，而且“跳价扫单”中的价位并不是一定的，而“定价扫单”中的价位是一定的，这一差异表明“定价扫单”中的一次性大单限价较低。

案例 8 一次性大单与主力操作的差异

我们已经把市场上交易的单子分成了三种类型，一种是主力的单子，一种是属于机构之类的某张数量较大的单子，我们称为一次性大单，可能一笔就可以完成，但多数情况下需要进行多笔交易才能够完成。剩下的就归入市场散单一类。

这样的划分并没有单子大小数量上面的限制。比如大单，三种类型都有可能，小单也有这三种可能，所以我们千万不要一看到小单子就以为一定是市场散单，即使是主力也会经常报出小单子的。我们也不要一看到大单就以为是一次性大单或者主力的大单，其实市场散单中也会有很多大单。总之单子的大小与这三种类型并没有一定的关系。

在我们经常关注的细节中大单出现的频率比较高，所以会比较关注大单。

如果大单来自于市场散单，那么一般来说这类散单的出现是零散的，不具有连续性，如果不具备这样一些特点那么大单的来源就是一次性大单和主力的大单。

一次性大单和主力的相似之处就是资金规模，但两者还是有不少差异，只要我们掌握了其中的一些主要特点，那么在进行细节分析的时候就能够更加游刃有余。

特点①：买卖方向的单一性和双向性。

一次性大买单只是一张限价限量买进的指令单，交易员的权限是不能超出这张单子的范围的，所以只能买进而不能卖出，在方向上呈单一性。对于一次性大卖单也是具有同样的单向性，只能卖出而不能买进。

而主力就不同了，尽管主力也有买入阶段和卖出阶段，但操盘手在具体的操作中始终是双向进行的，而且是从一开始就是这样的，即使在建仓阶段也不例外。

在建仓的阶段为了能够尽可能多地买进筹码，主力操盘手会通过卖出一些筹码的方法来吸引更多的抛盘的。在推升股价的阶段尽管增仓是不可避免的，但主力的原则是尽量不增加新的仓位以保持充裕的资金，所以也会不断寻求减仓的机会。在最后的出货阶段主力操盘手为了吸引市场的买单还是经常会挂一些买进的单子并且成交其中的一部分。

主力操作的双向性是一次性大单所不具备的，这是一个重要的特点。

特点②：时间的长短。

一次性大买单多则几天少则当天就可以完成，接着就会人去楼空。而主力的运作短则数月长达数年，即使中间有过停顿甚至放弃过一段时间的运作，但一旦时机合适就会死灰复燃重新参与。

耗时的长短是两者的另一个重要特性。

特点③：急或者不急。

操作一次性大单的是交易员，完成这张一次性大单是交易员的工作。由于股价走势的不可测特性，交易员会非常害怕今后股价的波动超出了大单的限价从而使自己无法完成任务，所以通常情况下交易员会急于完成单子，这种心态在操作的过程中就会体现出来。比如要买进的话会一路向上扫单，将上档抛盘尽数纳入怀中。比如每当有大压盘出来就会马上打掉，使得上档好像总是没有什么大的压盘。

对于主力操盘手来说，股价运作是一项长期的工作，绝不是一天两天的事情，所以不会着急，而且不管是处于建仓、推升或者出货中的哪一个阶段，一般都有可能在反向挂一些较大的单子。

根据这一特点我们可以仔细感受一下大单的积极程度，感受一下这些盘中的大买单是不是有抢筹码的意图或者大卖单有不计成本杀跌的嫌疑。

特点④：对倒或者不对倒。

一次性大单的单向性决定了交易员只有单向买卖的权利而不能反向报单，因此一次性大单在完成的过程中绝对不会出现对倒单。

而主力运作则不同，因为市场更喜欢成交活跃的股票，所以主力操盘手会在一定的范围内采用一些广义对倒的手法来吸引市场的眼球。

根据这一特点我们可以仔细观察盘中的大单交易有没有对倒的嫌疑，一旦出现对倒就可以作为认定是主力大单而非一次性大单的一个重要依据。

特点⑤：护盘或者不护盘。

所谓护盘就是主力操盘手通过一些合理交易的方式从而使股价的波动范围在自己的掌控之中，比如在建仓的时候尽量把股价压得低一些而在拉升的时候尽量把股价推得高一点。这是主力的愿望，而且主力也确实有这个护盘的能力。

但一次性大单就不一样了。从交易的目的来说，一次性大单与市场散单的目的是一样的，就是买进后等待股价上涨然后卖出获利，所以买进以后根本就没有考虑过也不可能去干涉股价的运行态势。

根据这一特点我们可以通过观察盘中股价的走势是否受到人为因素干扰即是否有人在护盘来判断这些大单是一次性大单还是主力的大单。

特点⑥：顺势或者逆势。

一次性大单与市场散单的主要差别就是数量大小而已，其他是差不多的，所以操作一次性大单的交易员也会体现出与市场散单交易者一样的心态，其中最重要的一条就是追涨杀跌。如果当天大盘盘中上涨，一次性大买单的交易员就一定会因为唯恐完不成单子而奋力扫货。一旦盘中大盘回落则立刻偃旗息鼓放弃买进，有时甚至连原来挂在下面的一些买单也会悉数撤掉，期望股价跌得更低以便能够买到更多的廉价筹码。

反观主力则正好相反。主力是期望通过尽量少增加仓位的买卖方式来维护股价的，因此当大盘向好的时候反而有可能会卖出一些筹码，而在大盘回落时也会买进一些筹码以阻止股价的同步回落。

根据这一特点我们可以观察大单买卖时与大盘的波动方向是否一致。

这些特点并不是每一次都会全部出现，但只要有一部分符合，那么我们就可以基本下结论了。

接下来举两个实例。

实例：图 3-8-1 是恒丰纸业(600356)2009 年 6 月 22 日的实时走势图。

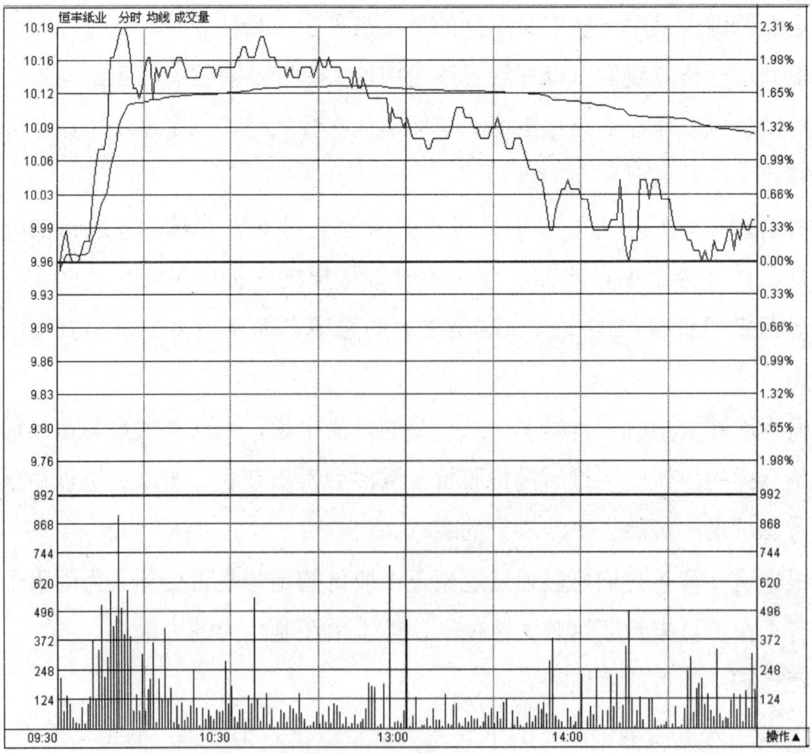

图 3-8-1

该股开盘后在大盘平静的状况下出现主动的攻击性大买单将上档卖单全部打掉，股价不到 15 分钟即上涨了 2.31 个百分点，这个过程中上档没有出现非常大的卖出挂单，下面也没有出现非常大的买进挂单，成交量比近期放大了 1 倍有余。

股价在整理了 1 个小时后持续回落，成交量恢复到近期的正常水平，期间大盘总体以小幅度上涨方式运行。下午该股随大盘同步逐级回落，最后以微涨报收，仍与大盘同步。

上午的强势走势使我们怀疑有主力在其中运作，或许只是一张一次性大买单？

分析如下：

开始的一波上涨幅度明显超过大盘，略微回落后又横盘了一个小时，表明这些买单比较着急，似乎是想在最短的时间内完成。所以根据特点③有可能是一张一次性的大买单。

盘中特别是在开盘后的上涨过程中没有明显的对倒迹象，满足特点④，也有可能是一张一次性大买单。

在失去买单后无量下跌，收盘也没有回升，表明没有护盘行为，根据特点⑤也有可能是一张一次性大买单。

特点⑥并不明显，但因为已经满足前面三个特点所以可以基本断定这是一张一次性大买单。

另外根据股价相对大盘的走势，再结合 RRI 指数我们可以得到一个附带的推论：这张一次性大买单在股价下跌前就已经完成了，因为之后股价失去了支撑。

实例②：某股全天跟随大盘同向波动，但相比微幅波动的大盘来说该股的幅度要大得多，尾市 20 分钟大盘横走但该股却无量回落，收盘时上下挂单都很小。全天成交量比近期有所增加，下档接盘不大，主动性向上的买单较多，但无明显对倒迹象。

主动性买单的增加引起了我们的关注，是主力在运作还是某张一次性大买单在运作？

股价与大盘的波动方向一致，说明在大盘回落的时候大单交易者放弃了买进，表明交易者并不着急，根据特点①支持一次性大买单的结论。

每次上涨过程中没有明显的对倒，根据特点④支持一次性大买单结论。

尾市的上下挂单都很小，因此维护收盘价非常容易，但实际上没有维护收盘价的迹象，表现没有护盘行为，特点⑤支持一次性大买单的结论。

盘中虽然随大盘同步波动但上涨的时候有买单，表明这些买单是顺势单而不是逆势单，根据特点⑥支持一次性大买单的结论。

4个特点都满足，所以可以断定这也是一张普通一次性大买单。

本实例的推论是：这张一次性大买单还没有全部完成。理由呢？投资朋友不妨自己先试着分析一下。

下面是理由：

股价跟随大盘波动，表明在大盘每次盘中下跌的波段，交易员基本上放弃了报单而不是连续逆势买进。尾盘的时候交易员又放弃报单，这是希望股价回落以便下一个交易日能够以较低的价格继续买进的信号。这两点决定了交易员还没有完成这张一次性的大买单。

案例9 脉冲的疑虑

脉冲是一种股价从突发性的上涨然后又快速回落的走势，其特点是大盘同期并没有大的波动，好像是一匹漫步在马群中的马突然离开马群奔跑起来，然后又突然往回奔跑到马群中。

这是一种经常会在行情交易中出现的走势，下面我们就来分析这个细节。

某股当天开盘后成交一直比较清淡，股价呈横盘状，大盘变化也不大，某时突然进来一批大买单一路扫货将股价在几分钟内推升了两个多百分点。

在此过程中下档接单的变化不大，尽管买①的价位有所提升但买①上的挂单数量没有明显增加，更没有大的挂单出现。

几分钟后，大扫单消失，股价在并不大的抛单打压下快速回落。

这就是一种典型的脉冲式走势。

按照惯例，我们先在市场散单、一次性大单和主力大单之间区分这些买单的属性。

由于是一种连续性的大单扫货，我们可以轻易排除市场散单的可能。

难以想象有那么多的散单集中爆发，几乎同时冲进去抢筹码。因为当时大盘很平静，这是很重要的条件，如果当时大盘直线上冲，那么散单蜂拥入场还是有可能的。

另外一个细节是股价在上冲的过程中下档并没有出现明显的大接单。如果确实是大量的市场散单入场，那么一定会有更多的接单挂在下面，因为股价上涨很快，会有不少动态挂单因为没有成交而成为静态挂单的。

在排除了市场散单的可能性之后就剩下两种可能性，要么是主力的大单要么是来自某张一次性大单。

如果是某张一次性的大单，由于是连续扫单，那么表明交易员比较着急。

基于以下两种情况交易员会这样操作。

一种是单子只剩最后一些尾货没有完成。比如指令单上面要求买进 150 万股，现在还剩 20 万股没有买进，而且成交均价比指令单的限价低很多，即使现在买进的价格高一些对平均买进价也没有大的影响，因此干脆在尽可能短的时间将这张指令单完成。交易员有时候会比较忙，手中或许还有其他的更大的单子需要完成，对于这种剩单往往会采取比较积极的手法来完成交易。

另一种是单子刚刚开始做，交易员通过这种方式试试市场。

这种试单的方式一般的交易员不会做，只有做过主力操盘手的交易员才有可能会这样做，所以我们可以把这种可能性排除在外，实际上做过主力操盘手以后是不太可能去做交易员的。

对于这种可能性在下面的主力操作中还会分析。

结论是有可能的，但那将是一张剩余的一次性大单被交易员快速完成。

再来分析主力大单的可能性。

根据“小单的真实性”，由于在股价脉冲的过程中下档仍然是较小的挂单，因此至少在下面主力并没有刻意挂上单子。尽管我们不能完全排除这一可能性但至少可以说主力几乎没挂上买单。

底下没有大的挂单就很难吸引市场的买单跟进，换句话说如果那些扫单确实是主力所为的话，那么主力并不想通过在底下挂大单吸引市场的买单进入，这就表明主力只是想看看市场的真实反应，用一句市场上的行话来说就是“试盘”。

“试盘”是主力在做某件事情之前通过某种手段测试市场反应的过程。

主力要测试市场有没有抛盘就会在上面挂出大的卖单，或者用大抛单打压股价；主力要测试市场有没有接盘就会在下面挂出大接单或者用大单向上进行扫单。

本案例就有可能是主力测试市场买单的一种手段。

上档的压盘被快速打掉，股价在数分钟之内连续飙升两个百分点。在这种情况下如果市场确实有买单并时刻准备着报进来的话一定会不由自主地立马跟进，尽管有些心急的散单会直接对着不断高涨的卖①进行报价买进，但由于股价上涨很快所以会有很多单子在报进去以后就成为买进的挂单挂着，所以只要存在市场的买单，那么经过主力这样一折腾这些买单就一定会进来，主力操盘手就会知道市场的真实买单情况。

因为股价上涨而冲进来的买单一般是早有准备的买单，这种买单进场的前提是股价上涨，它并不需要看到底下到底有多少新的挂单挂出来。而主力有时在底下挂出很多大的买单并不是针对这些早有准备的买单的，而是吸引另外一种买单的。这种买单本来并不打算要买的，但底下出现的大量接单和股价的快速上涨会吸引这部分买单，因此这是一部分潜在的买单。不过与原先就准备进场的买单相比，这批买单大多属于短线买单，只是进场博一个短线的差价，与原来就准备进场的买单相比其稳定性要差很多。这两类单子都是主力关心的，但作用是各不相同的。

主力没有在下面挂上大接单，这样就吸引不了潜在的买单，表明主力只是想测试一下市场随时准备进场的买单有多少。

如果交易员也有主力操盘手这样的水平，那么在完成一张一次性大单的时候同样可以采用试盘的方法来测试市场的买单情况，这对于降低这张一次性大单的平均买进价是非常有帮助的，可惜交易员都不会这样做，这一方面是交易员几乎都没有操盘手的经历，另一方面对交易员来说完成任务是第一位的，最后的平均成交价只要低于最高限价就可以了。再说了，就算平均成交价低了很多也不会增加自己的收益，万一到时候完不成指令单反倒是自己的责任。所以在前面我们就把一次性大单的两种可能性中的这种可能性排除了。

现在我们的结论是两种可能性：

可能性①：某张一次性大单，基本上已经完成。

可能性②：主力操盘手试盘，主要测试已经随时准备在市场上买进的买单情况。

尽管可能性①并不是主力操盘手在试盘，但对于市场来说起到的作用是一样的，也同样可以起到试盘的作用，所以有一点我们可以肯定，那就是在市场上确实不存在大量的随时准备买进的单子。

不过这两种可能性还是有比较大的差异，所以我们还希望能够区分这两种可能性，但靠目前的细节还不够，需要我们进一步进行观察。

交易会继续进行，所以我们的结论也会越来越明了。

在接下来的行情交易中一旦出现以下各种情况，那么结论就更明确了。

情况①：股价无量回到起点附近。

要特别注意“无量”这个细节。如果是主力操盘手在试盘，那么由于在前面的推升股价过程中会增加仓位，因此在试盘结束之后主力操盘手一般会抛出一些筹码，这样在股价回落的过程中还是会有一些大单，会增加一些成交量。现在既然没有量，那么就可以排除主力试盘的可能性。

也许我们会认为原来下面就没有接单，所以就认为主力想要大量卖出也不可能。

这里还有一个累计的问题。尽管下档没有大的接单，但几个价位加起来就会有不小的接单，主力可以一单砸掉几个价位，这样还是会产生相对较大的量。

剩下的就是一次性大单完成的可能性了。

情况②：出现较大抛单将股价打回到起始价附近。

一次性大单是不会既买又卖的，所以可以排除是一次性大单的可能性。

原来市场上并没有大单卖出，现在股价跌回到原地自然也不会有大单卖出，所以这些大抛单应该是主力砸出来的。

这是主力操盘手在试盘。

试盘结束后为什么要砸盘呢？表明主力不希望增加太多的筹码，主力操盘手会尽量把前面推升股价时新增的筹码在试盘结束后扔掉一些以减轻增仓的压力。当然由于下档接单并没有增加多少所以主力是减不了多少仓位的，一般来说经过这样一个来回还是会增加一些仓位，但减掉一些总比不减掉要好。

即使主力不抛，最后因为主力试盘结束股价还是会被市场打回原形的，与其让市场砸下来还不如主力自己砸。

情况③：股价回落幅度不到一半，在此价位出现一些放量，股价进入横盘。

因为下面没有增加大量的挂单说明市场准备买进的筹码不多，这样在失去连续性大买单的支撑后股价应该是回落到起始位置附近的。现在股价只回落了一半，所以我们排除一次性大单的可能性，这样也只剩下主力试盘的可能。

前面已经分析过，由于底下没有新增多少挂单，因此市场准备进场的买单并不多，但我们不知道上面挂单的情况，因为即使上面挂单很多也不一定就是市场的挂单，所以市场挂单有多也有少的可能，不过我们不清楚并不代表主力不清楚，实际上主力是非常清楚的。

这其实也是试盘的一个目的，不但要测试下档的买单同样也要测试上档的卖单情况。

现在股价没有回到原点，而且成交量开始增加，表明在这个位置出现了新增的买单。由于在股价上升的过程中下面没有出现大的接单，因此吸引不了市场的短线买单，我们又排除了一次性大单的可能，所以股价在回落过程中出现的买单只能来自主力。

既然主力已经知道没有多少单子在准备买进，那么为什么又继续维护上涨以后的股价呢？只有一种可能，就是我们不清楚的上档的抛盘其实很轻。

推升股价需要买卖双方的配合，买单多是主力期望的，卖单少同样是主力所期望的，现在既然卖单不多那就值得继续尝试。

主力在股价回落不到一半的地方开始进行阻击，真正的目的是希望在抛盘已经不大的情况下吸引新的买单进场，至于目的能否达到还取决于市场的反应。不过在这种情况下如果我们看到下档的接单持续增加，则有可能是新加入的市场散单，也有可能是主力的挂单，以继续吸引市场买单。

最后主力能否达到推升股价的目的还在于行情交易的进一步发展，但本案例的分析已经完成。

案例 10　长长的上影线

上影线是一个技术分析的专用术语，运用于 K 线理论中，在《从外行到内行》一书中有详细的解释。

经典的 K 线理论告诉我们，上影线越长表明股价在当天遭受的抛压越沉重，后市股价下跌的可能性就越大。不过这一理论有其先天性的缺陷，因为日 K 线图中的 K 线只是一天交易的结果，而对于这根 K 线的形成过程却无法全面展示。

日 K 线图中涉及四个重要的点位，分别代表开盘价、最高级、最低价和收盘价，其中只有开盘价和收盘价我们知道是对应股票交易的一头和一尾两个时点的价格，但对于最高价和最低价我们却只知道结果但不知道其出现的时点，尤其重要的是我们对于这四个点位形成的前后过程一概不知，也就是说我们对当天股价的走势一无所知，更不用提当天挂单的变化和成交回报的过程。所以 K 线图能告诉我们的确实不多，至于那根长长的上影线自然也就说明不了什么问题了。

如果 K 线出现了长长的上影线，那么只有一点是可以肯定的，那就是股价上冲到最高价之后肯定跌下来不少，至少跌到过收盘价的位置，也可能跌到过最低价的位置。

下面是一个有关“长长上影线”的案例，不过光靠日 K 线图是很难进行有效分析的，所以我们要加上当天的分时走势图，只有对交易过程中的一些细节进行分析才是有效的。

图 3-10-1 是罗顿发展(600209)2010 年 3 月 12 日的实时走势图，当天的日 K 线图含有长长的上影线。

当天走势图显示股价在收盘前的最后一个小时的时间里大幅度上涨并在最后半个小时不到的时间里回落到收盘价附近，而大盘在最后半个小时里出现明显下跌。

这里我们又回到了当天的实时行情图，因为我们要分析这根长长的上影线是离不开实时行情图的。也许我们当天没有时间看盘，那也不要紧，现在很多券商提供的免费行情软件都具备重现当天走势图的功能，即使在以后也是能够看到当天的走势图的，甚至还能够看到很久以前的实时走势图。

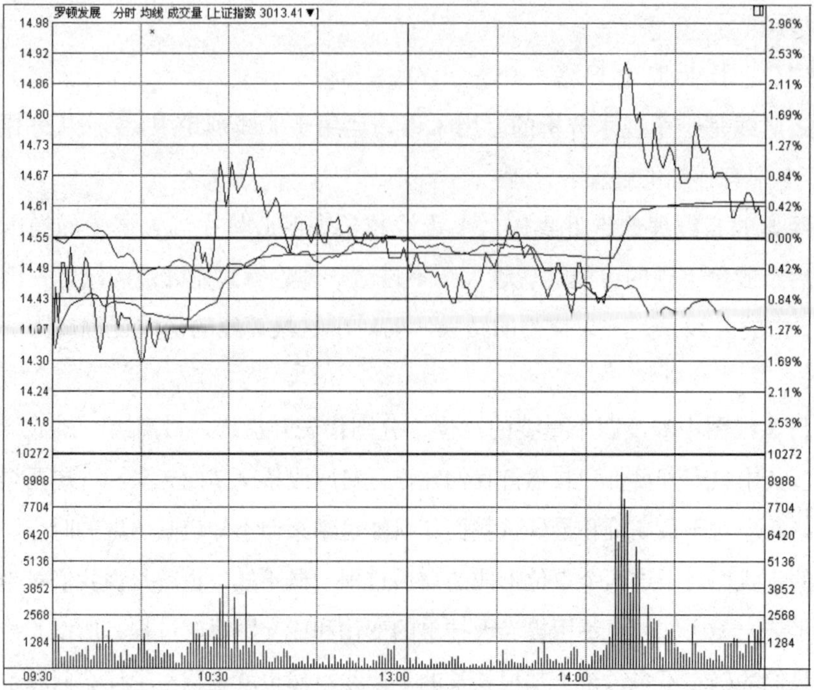

图 3-10-1

在这个案例里我们假设已经通过其他的细节分析明确了其中有主力运作的情况。

我在很早以前就提出过“黄金 1 小时”的概念，就是说主力选择在最后 1 小时推升股价是最合理的，它起到的效果最好，所花费的成本也最低。事实上确实也有很多主力操盘手采用这样的方法，尽管会有些偏差，比如有的会选最后半小时等等，但这些可能都是结合大盘的实际变化所致，其本质是一样的，就是要用最少的资金将股价推得尽可能的高。

用 1 小时左右的时间推升股价是为了让市场接受被推高了的收盘价，如果时间过短则市场较难接受。不过时间与接受程度是成正比的，如果时间短那么推升股价的幅度就小一些，这样也能被市场所接受。

本案例的主力操盘手同样选择了“黄金 1 小时”的操作策略，不过在最后 1 小时遭遇大盘的两波跳水导致股价回落。现在我们要对这一现象做出合理的解释。

显然，主力操盘手选择“黄金 1 小时”方案的前提是预判大盘至少在最后一个小时不会大幅度下跌，其实这也是“黄金 1 小时”策略成功的前提。但我们知道大盘是不可测的，尽管要把握一个小时的走势有很多行之有效的方法但对于主力操盘手来说不一定具备这个能力，所以一旦大盘在最后出现了大幅度下跌那么操盘手就会面临失败的可能。

本案例就是一例失败的案例，大盘在最后一个小时里连续出现了两波较大幅度的下跌。

大盘最后时刻较大幅度的下跌带出了市场的恐慌盘，这是合理的抛盘，并非主力拉高后的减仓盘，而且由于主力在前面大幅度推升股价反而增加了不少仓位。现在的情况是准备出来的筹码由于大盘的下跌而纷纷出逃，主力却不得已增加了不少的仓位，而股价尽管走势可能还是强于大盘但却留下了长长的上影线。

很明显，这根上影线并不是 K 线图理论所谓的市场抛压沉重所致。

很显然主力正在寻找机会推升股价，而正准备卖出的单子由于大盘的下跌已经大量出逃，表明短期内浮动筹码已经大量减少，这就会减轻主力的推升压力，所以一旦主力觉得市场走稳就会再次进场推升股价。

现在的问题回到大盘了，只要大盘配合主力就会推升股价。可我们并没有预测大盘的能力，那么应该怎么分析呢？

其实主力操盘手一般也没有这个分析大盘的能力，不过由于主力有资金优势，所以对于主力操盘手来说唯一要分析的是大盘会不会大幅度下跌，只要不出现大幅度下跌就可以了。

在大盘尾市一个小时的下跌之后市场会把眼光聚集到消息面上，如果消息面没有大的变化，那么第二天主力操盘手会重新振作精神进场推升股价，而且由于前一个交易日已经进行了运作，所以第二天是不会再等到“黄金 1 小时”的时段，往往在开盘后不久只要大盘走势平稳就会推升股价，很快前一个交易日的高点就会被打掉。

实际走势往往就是这样的，甚至有时候会高开高走。不过对于主力操盘手来说这样做未必是最明智的，比如仍然可以继续采用“黄金 1 小时”的策略会更合适一些，当然这一话题已经超出本案例的讨论范围。

该股在第二天的走势远强于我们的预期。

下面的案例，投资朋友可以自己先试着进行分析。

如果长长的上影线是由图 3-10-2 形成的，那么结论是什么？

图 3-10-2 是恒丰纸业(600356)2009 年 12 月 2 日的实时走势图。

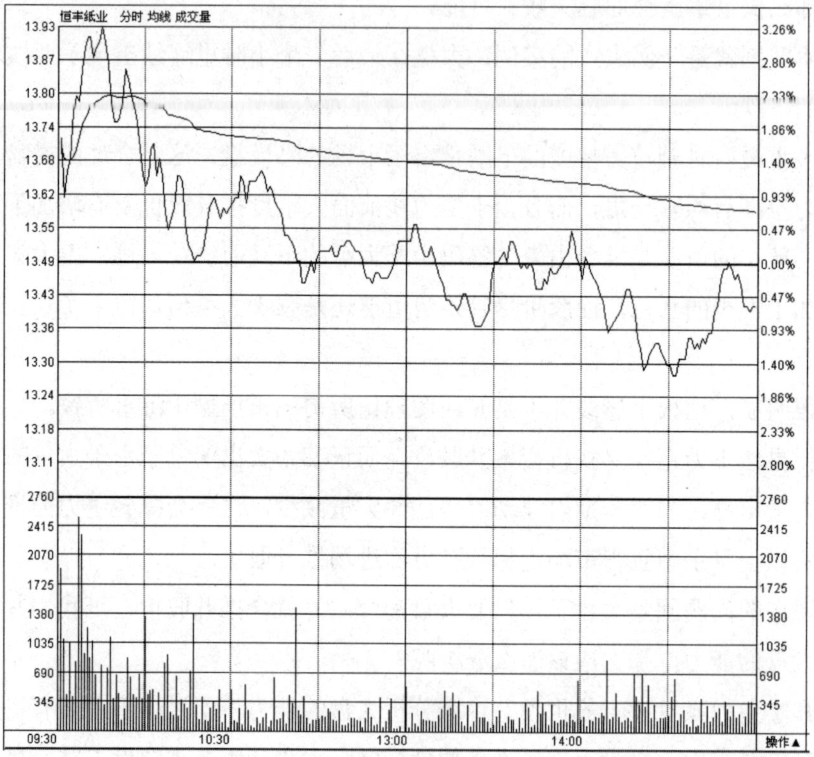

图 3-10-2

实时交易图显示，股价高开，然后在开盘后几分钟内快速上冲到全天最高点，接着又快速回落到前收盘价附近，随后与大盘同起伏。

这是一种脉冲式的走势，前面的案例 9 已经讨论过。

投资朋友应该自己能够分析这一情况，图 3-10-3 是相应的日 K 线图。

如果长长的上影线是由图 3-10-4 形成的，那么结论是什么？

图 3-10-4 是 ST 渝万里(600847)2009 年 12 月 8 日的实时走势图。

实时走势图显示，该股在上午 10 点半左右的时间出现几笔小单将股价打到最高价，不过随后股价就回落并恢复常态，当天成交相当清淡。

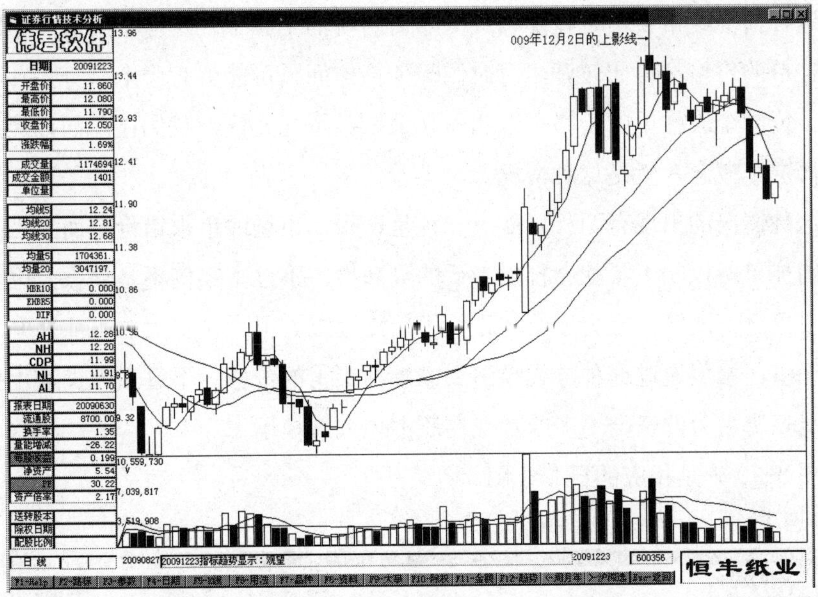
证券行情技术分析
伟君软件
009年12月2日的上影线
日期 20091223
开盘价 11.860
最高价 12.080
最低价 11.790
收盘价 12.050
涨跌幅 1.69%
成交量 1174694
成交金额 1401
单位量
均线5 12.24
均线20 12.81
均线30 12.68
均量5 1704361.
均量20 3047197.
AH 12.28
NH 12.20
CDP 11.99
NL 11.91
AL 11.70
报表日期 20090630
流通股 8700.00
换手率 1.35
量能增减 -26.22
每股收益 0.199
净资产 5.54
资产倍率 2.17
送转股本
除权日期
配股比例
日线
20090827
20091223指标趋势显示：观望
20091223
600356
恒丰纸业

图 3-10-3

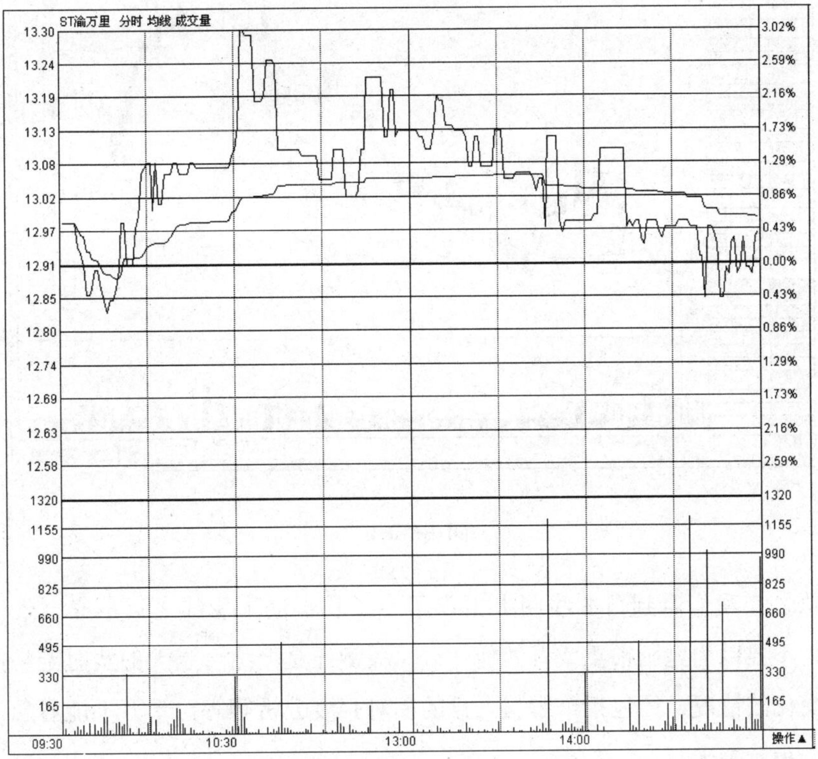
ST渝万里 分时 均线 成交量
13.30
13.24
13.19
13.13
13.08
13.02
12.97
12.91
12.85
12.80
12.74
12.69
12.63
12.58
3.02%
2.59%
2.16%
1.73%
1.29%
0.86%
0.43%
0.00%
1320
1155
990
825
660
495
330
165
09:30
10:30
13:00
14:00
操作▲

图 3-10-4

这种情况经常会出现在那些成交非常清淡的个股中，这些个股有一个特点就是挂单的价格拉得比较开，有时候一个价位间隔可能就有半个百分点，一些超高价位的个股挂单的价格可以相差几毛钱甚至几元钱，我们在前面已经提到过空档这个概念，就是这种情况。

这种情况的出现有两种可能，一种是误报，市场散单报错价位而上档又没有大的挂单所以一下子就会打出当天的最高价。不过本案例不是误报，因为误报最多只会 两笔，不会连续多张单子始终误报。另一种更大的可能性是主力闲来无事，希望通过这种方式吸引买家提高买①的价格。不过主力操盘手这样做只能表明主力的资金不多或者现在还不想大规模运作。

图 3-10-5 是相应的日 K 线图。

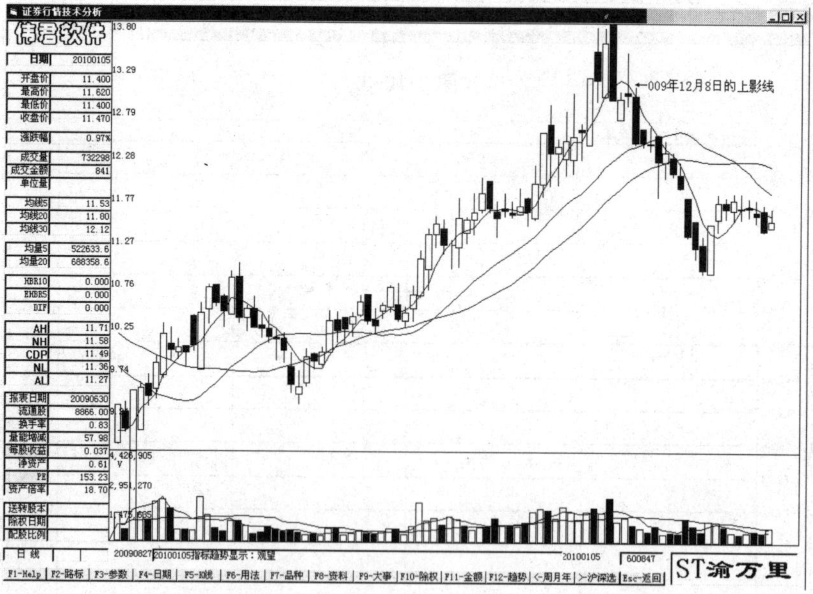

图 3-10-5

总之在我们看到日 K 线图上出现了一条长长的上影线之后不必急于下结论，切不要以为抛压很重或者其他什么，关键还是要结合当天的实时走势图和量价变化的情况，还包括个股与大盘的相对强度分析等等，千万不能着急，就这样一步一步来。

案例 11　空中接力

图 3-11-1 是 ST 石岘(600462)在 2007 年第 3 季度的一段日 K 线图。

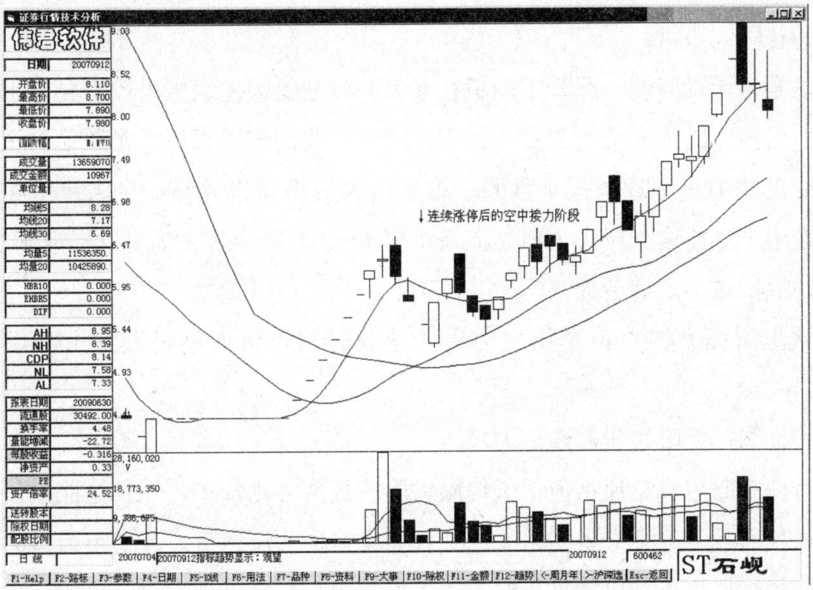

图 3-11-1

市场在多年前流行一个单词叫“空中接力”。

股价在上涨了一定的幅度以后进行回落或横向整理，然后再次上涨并创出新高。其中的回落或横向整理过程就被称为“空中接力”，也可以形象地称之为“空中加油”。

图 3-11-1 就是典型的“空中接力”走势。

该股在复牌后连续 7 个交易日涨停(5%的幅度)，接着出现调整，甚至连续两个交易日跌停，但最后在调整结束之后重新大幅度上涨，价格近乎再次翻倍。

如果我们能够在股价冲高后的整理阶段判断出“空中接力”的形态，那么就可以放心大胆地介入，等待股价的再次上涨。

现在我们就来分析“空中接力”的一些主要特征。

由于“空中接力”后股价将再次大幅度上涨，因此个股累计的涨幅一定非常大，一般来说这类个股中会有主力资金的刻意运作，所以在分析时我们要把主力的因素考虑进去。同时由于市场每年都在变，所以我们也要加上一些时尚的因素，比如全流通等等。

特征①：小盘。

这是毫无疑问的，尽管工商银行(601398)之类的超级大盘股也会有上涨的机会，但相比之下上涨的幅度太微不足道了，我们宁愿相信手拿数亿乃至十数亿资金的主力更愿意选择小盘股。这里所说的小盘也只是一个大致的相对概念，在十多年前这个概念大概是流通市值1～2个亿，现在则可以提高到10多个亿，以后说不定还会提高。

这里所提到的市值是指主力进入建仓时的市值而不是股价上涨以后的市值。

特征②：无限售股流通压力。

有些个股尽管流通市值很低但限售股的数量会比较多，一旦这些限售股获得流通权而且又确实准备抛出来的话就会大量增加流通盘，流通市值自然也会同步增加。尽管市场可能不一定会注意但主力肯定是会考虑这一点的，主力在进入之前会进行周到而又详细的准备，决不会无视一些潜在的威胁。

特征③：主力资金抄到大底。

我们常常希望主力失手甚至深深被套。其实交易成功的一个基本原则就是互惠互利，双方共赢，所以我们更应该希望主力获得成功，只有主力运作顺利股价的走势才会更加强劲。而抄到大底的主力应该是信心最爆棚的，股价也有可能走得更牛。

这里所说的大底是指大盘的底。大盘每过一段时间就会出现一次阶段性的底部，有时候会出现相对大的底部，如果主力对大盘走势判断准确从而获得了在相对底部建仓的良机，那么股价的相对升幅会更大一些。

特征④：公司具有成长性。

尽管本书讨论的是细节分析的方法，基本上不涉及基本面，但有时候仍然无法避免会谈到一些。

海内外200多年的股票市场历史已经证明了这一点，只有高速成长的公司才能带给投资者最丰厚的回报，所以主力决不会放过这类公司。而公司是否具有成长性我们自己也有一定的方法进行判断，更何况现在还有那么多的行业研究员以及山寨研究员提供的研究报告。

具体分析公司成长性的方法我在《上海证券报》的专栏中多有涉及，而且稍后我也会考虑推出如何选择成长股的专著，所以在这里就不再展开了。

特征⑤：动态市盈率(PE)较低。

PE 是一个极其重要的指标，我在《从外行到内行》一书中有过介绍。

如果动态市盈率(PE)已经提前反映出公司未来的增长前景，那么理性的主力是有可能酝酿退出动作的，也许以后股价还会上涨，但那只是跟随大盘的正常波动而不是我们所希望的是由主力推升的超预期上涨。

特征⑥：充分的换手。

我在《上海证券报》周日版的“停板揭秘”栏目中主要分析当周涨幅榜前几名的个股，其中分析过很多具备“空中接力”潜力的个股，分析的一个重点就是换手率。不过这个换手率的计算在前面已经提过，要把控股股东的一些筹码去掉再进行计算。

由于股价已经大幅度上涨，因此买卖双方的心态会发生很大的变化，如果没有主力的刻意护盘股价势必大幅度回落，这是短时间内供求关系变化所导致的。

只要符合以上特征的个股进入一个相对高位的回落或横向整理，那么基本可以断定是属于“空中接力”形态，后面还会有一波上升走势，我们所要做的就是尽量在调整期内的低点买进，然后等待股价被高估时卖出。

当然，“空中接力”形态并非一定要满足以上特征才有，如果大盘走势强劲，那么几乎所有的个股都会出现“空中接力”形态。不过即使如此，我们按此特征挑选的个股涨幅应该是相对较大的。

图 3-11-2 是星马汽车(600375)的日 K 线图。

2009 年 12 月 4 日收盘后我在第二天的《上海证券报》“停板揭秘”专栏中分析了这只个股，在最后特别指出：

“按照保守的动态 PE 计算股价还有三成的上升空间。”

结果股价在完成“空中加油”之后继续上涨，幅度远大于三成。

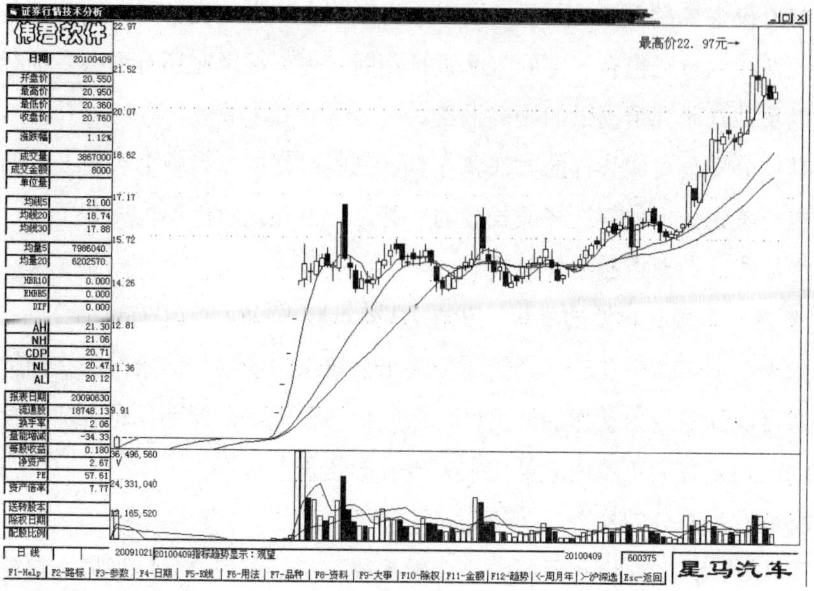

图 3-11-2

案例 12　小单不扫，股价不倒

某股有主力进行运作，股价明显走强于大盘，达到高点后回落。接着缩量、横盘，有时候盘中大盘回升股价也没有明显的跟上，不但成交稀少而且挂单很少。

我们已经知道了其中有主力在运作，而且尽管股价回落但跌幅并不大，其间成交量也是呈逐级回落的态势，所以判断主力应该仍然在其中，现在的问题是主力是否会出逃？

在林林总总的变化中我们要关注的最重要的一个细节就是“挂单很少”，通过这个细节我们就能够回答前面提出的问题。

挂单很少意味着什么？

根据“小单的真实性”，挂单很少说明市场交投意愿不强，同时也说明主力并没有刻意进行堆量运作，也就是说现在基本上可以认定是市场自己在进行交易而且参与者很少。

从卖方来说，由于目前股价已经明显走强于大盘，因此累计的获利盘应该不会少。尽管股价已经从高点回落，可是我们并没有看到多少卖单，所以我们判定外面的获利筹码并不多。

这里有一点是需要说明的，外面的获利筹码不多并不等于大量的筹码都在主力手中。实际上在主力的周围会有相当部分的锁仓盘，这些仓位与主力的目标是比较接近的，只是不参与运作而已。

从买方来说，市场的心态是“追涨杀跌”，一旦股价开始回头了，就会产生行情结束的意念，买单就会大量减少，因此在下跌调整的过程中买方的退缩是合乎情理的。

主力在出货前会持有相当数量的仓位，如果要把这些仓位倒给市场则需要市场新增大量的接单，显然目前的交易状态并不适合主力的出逃。

如果主力想出逃，那么如何激发市场买方的热情是重中之重。

目前的清淡交易状态只是发生在当前的价位和当前的时点，它并不表明换一个时点和价位也一定是这样清淡的交易状态。

如何才能激发市场的参与热情呢？

一种情况是股价上涨，另一种情况是股价下跌。

由于股价已经下跌，所以盘整后继续下跌会导致买方的崩溃，也自然会带出更多的卖单。主力希望这样出逃的话是根本不可能的，所以唯有继续上推股价才有可能重新积聚买方的人气，从而能够在混乱中落荒而逃。

目前挂单清淡，因此理论上并不存在推升股价的难度，换句话说主力要向上扫单一点也不难。

可是股价走势依然平稳，甚至连盘中大盘的回升也不参与。

结论已经很明显，只有一个，就是主力现在并不想推升股价。

既然不想推升股价那么就是不想出逃或者说根本就没有想过要出逃。

从逻辑上来说，做了 A 就可以做到 B 而且现在 A 很容易做，那么不做 A 就表明不想做 B。

回答完主力是否要出逃这个问题之后我们再来分析一些附带的可能性。

既然市场上浮动筹码很少，主力也根本没有要出逃的打算，那么目前的时点和价位就应该是主力的中途休息。在此期间主力的愿望应该是提高市场的换手率，提升市场的平均持有成本，以等待合适的时机再度推升股价。

不过很多情况下，如果大盘不好的话，股价会再下一台阶，这时我们更要密切关注成交量和挂单的变化，如果依然维持目前的态势那么结论依然如故，而且以后回升的力度会大一些。

具体到我们的操作并不能完全回避风险。

如果在前面的盘整期就买进了，那么遇到后面的下跌就会被套，再加上没有资金补仓就只能等待。不过最终依然是能够赚钱的，只是需要更多的等待时间。如果没有后面的下跌，那么买进的就是相对底部的价格。

如果前面没有买，那么要冒踏空的风险，但如果股价再下一成，那么就可以买到更低的价位，提高盈利的幅度。

以上两种买进方式都有一定的风险，但都能够获取收益。

最后要说明的是，这种下跌不会超过两次，如果超过了，那么其中一定会有放量的情况，表明主力可能已经出逃或者主力控制的筹码不够，难以掌控局面。

一般来说只要出现上档小单不扫的局面，股价最后还会重拾升势。

案例 13 真假买单

我们经常会看到挂单数量的严重不平衡，本案例要讨论的是下档挂单远远多于上档挂单的情况。

图 3-13-1 是经常能够看到的情况，在下档的买进挂单中会出现很多大单，猛一看去就像结实的混凝土打下的地基，似乎股价是不可能下跌的。

不过这种结论有些不着边际，因为我们无形中作了一个假设，这个假设就是那些挂在下面的大买单都是希望能够买进的。而这个假设并不一定能够成立，因为人的想法是随时会变的，随着时间的推移这些买单是存在撤单的可能的，或者我们甚至可以作这样的假设：其中的一些买单根本就没有想过要成交。既然不想成交那么挂出来干什么？挂出来的目的就是给我们看的。

其实只要我们多花一些时间来观察，就会发现经常出现如图 3-13-2 这样的情况：下面的大接单会一下子消失得无影无踪。

对这一现象我们该如何解释？

假设这几个价位的大接单全部都是市场上真实的自然接单，那么单子涉及

卖⑤	12.46	34
卖④	12.45	23
卖③	12.44	51
卖②	12.43	12
卖①	12.42	22
买①	12.41	220
买②	12.40	188
买③	12.39	212
买④	12.38	275
买⑤	12.37	332

图 3-13-1

卖⑤	12.46	34
卖④	12.45	23
卖③	12.44	51
卖②	12.43	12
卖①	12.42	22
买①	12.41	15
买②	12.40	22
买③	12.39	10
买④	12.38	38
买⑤	12.37	41

图 3-13-2

的交易者会有很多个，而这些交易者应该会分布在全国各地不同的证券营业部中。要让这些互不相识的交易者在同一时刻集体撤单是难以想象的事情，因此前面的假设是错误的。也就是说这些同时被撤销的单子基本上应该是属于同一个交易者，而满足这种条件的交易者只有一种，那就是主力操盘手。

这里所提到的交易者不一定是一个人，但属于同一个主力，所以可以采取类似一个人的动作。

现在我们来分析下面案例中接单的真实性。

某日某股出现以下挂单状态：5 档买进价位中至少有 4 档是大接单，平均比上档卖单多一个数量级。该股近期表现平稳，没有大涨。

这种案例分析的重要工具是大盘走势的同期表现，所以要用到本书前面所说的大盘指数走势叠加图。

假设现在我们已经把上证指数的实时走势图叠加到个股的走势图上面。

分析的重点自然是下面挂的大接单。

在市场的三类单子中我们首先可以排除市场散单的可能性，因为在前面价位的挂单上已经出现大买单的情况下市场散单是不会集中挂在较低的买价上面的。不过在这些大挂单中会有一些市场的散单，甚至会有几张数量相对较大的买单，但这仍然只能是这些挂单中很少的一部分。

同时我们也可以排除一次性大单的可能。

上面的卖出挂单数量已经显示出交投的活跃度很低，所以一次性大单在下面大举挂出是很难成交的。既然不能成交就不会挂出，很少有一次性大单通过连续挂单进行交易的，这是一种不符合逻辑的挂单方式。

请注意，我们没有排除这些挂单来自主力操盘手的可能性，实际上在排除了前面两种可能性之后我们已经知道这些挂单中的大部分来自主力操盘手。

由于在买①和买②上面已经有如此多挂单的情况下继续把挂单挂在买③及以下的位置是很难成交的，所以挂在下面的大单子并不是想真正成交的单子。

这些不想成交的单子其唯一的作用就是给市场看的。

看了以后市场会有什么感觉？

下面接单很多，股价不会下跌，要买就趁早买，而且还要主动往上面去买等等。

这些就是底下的大买单挂出来的目的，也就是主力操盘手的目的。

不过市场上的事情谁也说不准，尽管可能性很小但有些事情还是会发生。

比如一笔超大抛单一下子砸掉下面几档接单的情况也是时有发生的，所以我们还可以得到这样的结论：主力操盘手这样挂单子的目的确实是为了给市场看的，但同样也做好了成交的准备的。

主力把买单挂在那里是为了给市场看，同时又做好了万一出现大抛单而增仓的准备，那么主力真实的情况如何呢？下面我们借助于指数的叠加图进行分析。

一般来说指数一天的波动不会很大，但会有不少波动，这些小波动对于犹豫不决的投资者来说会产生诱导作用，特别是一些较快速的波动影响更大。我们现在分析的是下档的接单，所以更关注指数的向下波动。

指数的下跌将带出市场更多的抛盘，这一点主力操盘手比我们更清楚，因此随着指数的回落，下档接单将逐步成交，这时是观察的最好时机。

如果大接单撤掉，那么这些大接单就是假接单。

一旦有成交的可能，操盘手就把大单撤下来，表明主力已经不想增加仓位，而且一旦股价下跌也不会护盘，近期主力也没有推升股价的打算。

如果大接单在指数下跌的时候仍然巍然不动，那么根据指数的变化情况会有以下几种可能性。

可能性①：指数下跌比较平缓。

指数下跌的速率对市场抛盘的影响会很大，下跌缓慢就是下跌的速率很小，影响抛盘的力度有限。主力操盘手同样会预期市场抛盘不会很大，所以依旧维持原来的挂单样子。

这种情况下我们就等待指数更明显的下跌波动。

可能性②：指数下跌较猛。

没有一个主力愿意在建仓完成以后再大幅度增加仓位的，所以在指数下跌较猛的情况下依然没有撤单则表明主力操盘手已经感觉到市场本身的抛盘不是很大，即使指数下跌较猛也带不出更多的市场抛盘。

这一迹象表明主力仓位较重，而且近期一直在运作，对于市场较有感觉，而且很可能有推升股价的计划，同时主力也愿意增加筹码。

由于不在建仓期(不会采用这种方式建仓)，主力一般是不希望增加仓位的，所以这样做的目的就是维护股价，为短期内推升股价做铺垫。

只要在指数下跌特别是明显下跌的过程中这些大接单不撤，至少表明短期内股价存在上涨的机会。不过主力的计划也是经常在变的，特别是市场的波动会干扰主力操盘手的思路。不过只要市场不坏，那么短期内主力寻机推升股价仍有较大的可能性，但如果大盘出现明显下跌，那么主力很有可能会改变初衷。

这里有一个很关键的问题就是指数下跌的速度和幅度，这对于主力的意志是一个考验。判断下跌程度的关键可观察市场成交量是否同步明显放大。

通过指数的同期波动我们可以大致判断下档这些大接单的真实性，但是否跟进则还涉及其他多重因素，包括市场的短期走势，等等。

案例14　尾市弱化的含义

大盘大跌，意味着绝大部分个股在大跌，但我们总是能找到一些强悍的个股顶住抛盘不下跌甚至逆势上涨，而这些个股并没有消息面方面的变化，据此判断一定是有主力在其中参与运作，不过也有一些个股在强势之后却晚节不保，在临近收盘时出现溃退的态势。

有一点是明确的：主力在当天增加了不少仓位。

图3-14-1是新疆天业(600075)2006年2月16日的实时走势图，这是尾市弱化的常见案例。

图 3-14-1

当天上证指数逐波下跌而且跌幅较大，该股的走势在前两个半小时与大盘同步，但在后一个半小时里却强行逆势而上，不过在收盘前10分钟股价却快速回落。

该股当天随大盘下跌，但午后风云突变，股价在当天最低价9.18元的位置上被连续推升，并在离收盘不到十分钟的时候上冲到9.73元，整整上涨了6个百分点，与前一个交易日9.50元的收盘价相比也有不小的升幅。但接下来股价却突然失去了支撑，一路下跌到9.58元报收。盘中观察可知，在此下跌过程中并没有任何动态大抛单，也没有大笔卖出挂单。收盘后显示在上方5档卖单中除了9.60元有167手以外其他都是小单子，最高甚至可以看到卖⑤的9.63元，5档卖出挂单全部加起来是234手。由于当天成交量达到345万股，因此这5档共234手的卖出挂单属于零星散单，主力完全可以将收盘价做得更高。根据当时的挂单变化显示，甚至在9.70元以下都应该没有什么大的卖出挂单，主力要做高收盘价易如反掌。

这从表面上来看有些不可思议，主力花了这么大的力气将股价推上来，却在最后十分钟放弃股价的维护。

现在我们来解释这个似乎是反常的现象。

主力运作一般有三种可能性：

可能性①：出货。

可能性②：维护股价。

可能性③：推升股价。

主力在下午强势推升股价时必然会增加仓位，而且从当天的成交量和成交过程来看主力增仓的量是不会少的，加上主力尾市不做高收盘价，我们可以排除主力为了出货才推升股价的可能性①。

在推升股价的过程中收盘价是最重要的一个价格，其成功与否往往是以收盘价为标记的。既然主力对于收盘价毫不在乎，表明其目的不是为了推升股价，我们可以排除可能性③。

剩下的就是可能性②了。

维护股价的阶段一般来说是主力希望市场进行换手的阶段，在这个阶段主力操盘手会制定一个大致的股价波动区域，股价不能偏离这个区域太多，否则会影响到未来股价运行的形态。

当天该股的下跌幅度可能已经超出了主力操盘手的预期，所以在下午开始推升股价，目的只是要把股价推回到主力操盘手希望波动的区域，这样尽管收盘价已经回落但由于股价已经回到主力操盘手预期的范围内所以就不会再干预。

分析结论显示该股仍处于主力掌控之中，而且主力仍有足够的资金用于护盘。

类似案例要特别关注在尾市股价回落的过程中挂单的变化情况。

只有上档挂单数量不大才可以认定主力操盘手对收盘价不在乎，如果挂单数量很大那么主力操盘手很可能是心有余而力不足，最后是不得已而放弃的，因此结论就会有很大的差异。本案例中的抛盘和挂单都不大，所以几乎可以肯定主力还是认可目前的收盘价的，因此未来推升股价的预期同样存在。

每一天的收盘价并不是越高越好，只有让市场接受的收盘价才是有效的，一味地强势推高股价未必是合理的运作方式。

每一个好的主力操盘手都知道这一点。

案例 15　透视盘中飙升

图 3-15-1 是创兴置业(600193)2010 年 3 月 5 日的实时走势图。

所谓盘中股价飙升就是股价在横向整理以后突然笔直大幅度上涨，有一种说法叫做“旱地拔葱”。

盘中飙升是经常出现的现象，不过我们要特别注意这个飙升的度，一般来说飙升有两个标准，一个是股价上涨的角度要陡，俗称“笔直”，当然不可能以 90 度的角度上涨但起码要接近 90 度；另一个是幅度，在这个“笔直”上涨的过程完成以前上涨的幅度要大。

一般来说在飙升之前会有这样两个预兆：上下 5 档的挂单会逐步增加，股价基本不顾当天大盘的波动而以横盘为主。

现在我们来分析这个现象。

既然是大量挂单同时出现，那么我们就可以排除市场散单的可能。

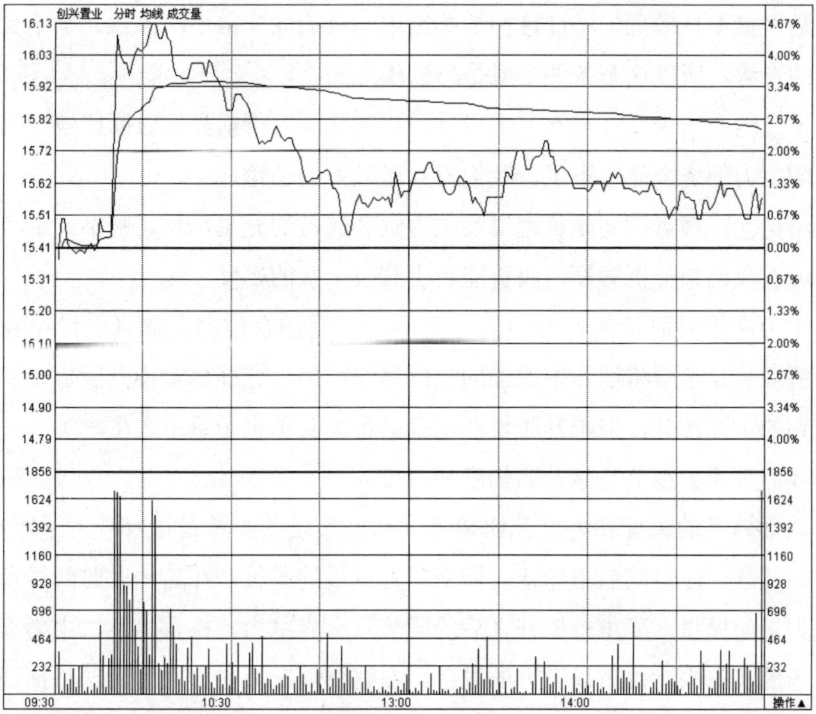

图 3-15-1

由于一次性大单具有明显的单向性特征，因此这种双向性同时出现的挂单也不可能来自一次性大单。

剩下的就只能是主力在那里运作，我们得到了以下的结论：

结论①：大量的挂单来自于主力。

除非成交量极其清淡，否则的话股价应该是与大盘同步波动的。现在股价基本上以横盘为主，表明股价的运行受到了非市场因素的干扰。根据前面挂单的分析我们可以知道，主力在当天参与了股价的运作，我们又得到以下结论：

结论②：股价横盘是主力运作的结果。

运作股价的过程中主力操盘手为了干预股价的自然运行状态一般都会增加筹码，所以该股主力是做好了增仓的准备的，也就是说目前主力还愿意或者说有能力增加仓位。至于主力到底还有多少资金实力一般来说我们是难以把握的，不过有一个细节可以帮助我们，那就是横盘的时间。

股价横盘的时间越长表明主力的资金储备越充足，当然还有一个必然的条件就是大盘不是横盘，不过这种情况出现的可能性非常小，大盘几乎不会出现横盘的走势，所以这个条件一般是可以满足的。

不过这个结论反过来不一定成立，也就是说股价横盘的时间比较短并不一定表明主力的资金储备不足。我们得到了以下的结论：

结论③：横盘时间越长越说明主力资金储备的充足，反之则不一定。

现在我们来分析短期内股价能否上涨及上涨的幅度。

主力在推升股价的过程中总是免不了会增加仓位的，而且已经不在建仓期，所以总是希望将运作中增加的仓位尽快减掉，这样尽管推升股价是整个运作计划的主要部分，但推升股价期间吸引市场买单也是重中之重。

我们关注的细节是飙升的幅度和力度。

如果飙升的幅度和力度都比较大，那么市场的买单是很难一下子跟上的，只有在持续一段时间后市场才会接受飙升以后的股价。在这一段时间里市场会出现大量的抛盘，要维持飙升之后的股价只有靠主力，换言之此时主力充当的是市场的买方来对抗市场卖方的抛单。在这种情况下主力非但无法将前段时间维持股价横盘时买进的筹码减掉反而还会在飙升后的股价位置继续增仓，说明主力的短期目标更高一些，通常情况下存在短线买进的机会。

判断的依据是成交量，如果在股价飙升以后回落幅度有限，表明主力正在代替市场买方继续接受市场的抛压。如果成交逐步萎缩而股价不再下跌，那么起码就是短期的买点出现。因为成交减少表明市场的卖单枯竭，主力将会进一步推升股价。如果成交量始终不减那么很有可能是抛盘过大，最后主力会顶不住而败下阵来，最终是一次失败的飙升，由此我们得到以下的结论：

结论④：飙升的幅度和力度较大则有可能出现短线买点。

如果飙升的幅度和力度比较小，那么市场的买单会逐步跟上，这样更有利于主力的减仓。减仓的原因有可能是主力在前面的横盘过程中接下的筹码超过了原先的预期，所以我们又得到下面的结论：

结论⑤：飙升的幅度和力度较小则不是短线买点。

主力维持股价的横向整理是要冒大盘下跌的风险的，尽管有的时候主力还是选择了按计划操作而将股价推升至飙升的态势但市场的抛盘也有可能会远多于主力事先的预期，这样最后失败的可能性是非常大的，而且一旦这种情况发生主力首先会考虑将前面新增的仓位减掉，因此最后股价不但回落而且还要跌回到起跳点以下，最终在主力减仓盘的打击下股价跌幅会超过大盘，所以我们会有以下的结论：

结论⑥：主力失败的可能性同样很大。

纵观以上结论，是否可以短线买进只有一种情况下才有可能，那就是在飙升幅度和力度都比较大的情况下我们观察股价的后继走势，如果股价回落幅度不大而且成交量逐步萎缩则是买点。

案例 16 挂单全撤

盘中堆得满满的挂单往往会将市场真实的挂单隐藏起来。

比如有些盘子不大的个股在交投清淡的时候每个交易日的成交量在百万股以内，但有时候却又会在一段时间内连续放量，盘中看盘发现平常以 2 位数为主的挂单已经以 3 位数为主了。显然，除非基本面上有重大变化，否则这些挂单是不真实的，换句话说这些挂单中有很大一部分并不是市场的自然挂单，这些单子的真正目的并不是想成交而是挂出来给市场看的，仅仅是为了吸引市场真正的买单或者卖单。不过这些拥挤的挂单有时候几乎会同时消失，这就是本案例要讨论的一个在盘中交易时出现的细节。

在某个时点五个价位的接单突然大量被撤，下档接单瞬间变得寥寥无几，空空如也，见图 3-16-1 和图 3-16-2。

卖⑤	11.67	45
卖④	11.66	43
卖③	11.65	189
卖②	11.63	23
卖①	11.61	43
买①	11.60	333
买②	11.59	545
买③	11.58	663
买④	11.57	423
买⑤	11.56	390

图 3-16-1

卖⑤	11.67	45
卖④	11.66	43
卖③	11.65	189
卖②	11.63	23
卖①	11.61	43
买①	11.60	14
买②	11.59	8
买③	11.58	23
买④	11.57	17
买⑤	11.56	29

图 3-16-2

毫无疑问，突然性的瞬间集体撤单决不会是市场高喊“一、二、三”之后的所为。尽管或许由于大盘的连续下跌市场接单也会撤单，但不会在瞬间一起联合撤单，而且我们在前面已经提到过，下面的接单中一定有很多属于非市场自然接单，所以我们可以排除市场散单在瞬间同时撤单而非市场单子却全部留下的可能，结果应该是正好完全相反。

既然非市场单子都走了，那么剩下的就是市场的单子了，这是一个绝好的能够让我们看到真实的市场接单情况的时机。

不过这种现象反向出现的可能性比较少，即上档卖单不会突然大批撤单。

因为股票市场总体上来说还是属于单边的做多市场。对于主力资金而言也不会去寻找一家业绩即将大幅度下降的股票，然后通过做空的方式获利，因为主力根本就借不到大量的筹码用于做空。毕竟做多靠的是资金而做空靠的是筹码，在做空的时候主力的资金优势根本就无法发挥作用。

而股价在上涨的过程中会增加成交量，所以上涨时一般都会放量，这样主力在推升股价的时候直接把自己的卖出挂单打下来就可以了，还可以将本应放大的成交量做得更大，这样就更容易吸引市场的买单。另外，在推升股价的过程中主力也一直希望能够减掉一些仓位，所以并不担心上档的挂单被市场打掉。

这就是上档的挂单通常不会撤掉的原因。

现在结合大势来分析主力这种突然撤单的目的。

情况①：盘中大盘连续下跌。

大盘连续下跌意味着市场上会有更多的主动性筹码被抛出来，这时候突然撤单就表明主力也认同这一点，或者说这只个股还有很多浮动筹码在外面，主力持有的筹码有限而且也没有在当天推升股价的计划。

不过计划并不一定能赶上变化。也许主力当天确实有推升股价的计划，但盘中大盘走势很弱，因此主力会放弃原有的计划而撤掉接单。不过之后如果个股抛盘不大而且大盘回稳，那么主力还是有可能会恢复原先推升股价的计划的，这需要我们进一步观察。

情况②：盘中大盘走稳或走强。

大盘的态势是不会带来大量市场抛盘的，但由于大接单突然地集体撤单也很容易引来市场抛盘，所以主力的突然撤单有可能就是为了看看市场还有多少抛盘会出来。这是一种对市场的测试，也可以称之为试盘，往往是为推升股价作准备的，将短线想出来的筹码解决在股价启动前，分析的重点在于观察接下来抛盘和上档的卖出挂单是否大量增加。

这些挂单本来就是做给市场看的，而在股价被推高以后现在的价位根本就看不到，所以挂单也就没有必要存在了，为此主力在行动之前先把这些挂单撤下来了结，以便集中精力做好后面的工作。一般来说，只要在这些接单被撤掉以后市场开始出现主动往上打的大单，那么这种可能性基本成立。

第四章

非常见细节分析案例

在前面一章中我们分析了一些相对来说出现频率较高的非自然交易细节，如果我们多看盘多用心的话这些常见细节就会越来越熟，一些常见的结论也会很快在脑海中显现出来，这对于分析其他的细节是非常有益的，因为我们要完成一次投资决策往往会涉及多个细节分析，因此熟悉这些常见的非自然交易细节将大大提升我们的细节分析能力。

在本章中我们将讨论一些不是很常见的非自然交易细节。分析这些细节的目的是为了让我们尽快熟悉这种分析的方法以及提高我们寻找细节的能力。

更多的细节分析案例收录于早先出版的《看盘细节》一书。

案例 1 突然消失的“夹板”

某股当天的股价波动幅度很小，成交也显得比较清淡，不过在比较接近的几个价位中却有不少大的挂单。

如图 4-1-1 所示，买①买②买③以及卖①卖②卖③六个价位的挂单全部都是 3 位数，给市场一种“上有阻力下有支撑”的感觉，我们可以称这种挂单状态为“夹板”（不过我们也可以把买①卖①的挂单都是大单的情况称为“夹板”），因为看上去股价的波动已经被这些“夹板”所夹住。

卖⑤	8.28	34
卖④	8.26	24
卖③	8.25	435
卖②	8.24	562
卖①	8.23	382
买①	8.22	452
买②	8.21	313
买③	8.20	543
买④	8.18	23
买⑤	8.17	33

图 4-1-1

然而突然间平静被打破了，连续冲进来几笔动态大单后原来挂着的上下大单子没有了，成交回报显示已经被成交了，因此那些夹板在瞬间消失了。

现在的挂单演变成图 4-1-2。

卖⑤	8.33	52
卖④	8.31	22
卖③	8.30	80
卖②	8.28	34
卖①	8.26	18
买①	8.20	12
买②	8.18	23
买③	8.17	33
买④	8.15	9
买⑤	8.14	32

图 4-1-2

市场的单子无非就是市场散单、一次性大单和主力单三种，如果属于前两种那么就有可能是自然交易。

由于是在很短的时间里发生的大笔交易，所以我们可以把市场散单排除。

再来分析一次性大单。

一次性大单分几笔进行交易是正常的，因此光凭大单成交这一点是无法排除的，不过在这个案例中有一个很重要的特点，那就是双向交易，这些大单不但有单向买进的也有单向卖出的。

如果是某张一次性大单进行交易的话是不可能同时进行双向交易的，所以我们可以把一次性大单的可能性排除，那剩下的可能性就是主力的单子了。

同时进行双向交易这一特性也说明这一操作是不合情理的，换句话说这几笔交易不属于市场的自然交易。

现在再提供一些交易过程中的其他细节。

尽管这几笔成交的速度很快，但交易所还是把成交回报分成三次传了过来。根据传输过程中挂单的变化，我们已经知道从次序上来说是先有动态大卖单出来然后再是动态大买单，也就是说先出来大单子砸掉下面挂着的大买单，然后再出来大单子打掉上面挂着的大卖单。

不失一般性，我们假设这些成交的大单子一共是两笔，一笔卖出接着一笔买进。

现在我们来分析主力这样操作的目的是什么。

可能性①：建仓。

主力要建的仓位比较多，一般在建仓期间都是小心翼翼的，唯恐被市场发现，所以是没有必要搞这么大的动作的，这种可能性很容易排除。

可能性②：减仓。

从图 4-1-1 中我们看不出其中有多少是市场的挂单，有多少是主力的挂单，但主力是知道的。如果主力算下来在这些单子中市场买进的挂单数量要多于卖出的挂单数量而且主力也希望减掉一些仓位的话是可以采用这种一卖一买的手法进行减仓的，所以这种可能性不能排除。

可能性③：往下做。

往下做的目的或者是洗盘，或者是希望在更低的价位继续增仓。不过往下做只需要前面的大抛单就可以了，这样股价就会向下破位，而且上面还会是黑压压的挂单压着，很容易引出市场的抛盘从而带动股价下跌。这样后面的大买单就解释不通了，所以我们可以排除这种可能性。

可能性④：往上做。

图 4-1-1 显示，除了近端的三个价位，其他价位挂单并不多，而且该股当天的成交也比较清淡，所以我们可以判断即使在近端的三个价位中市场的单子也不会很多，主力在进行了这样正反各一面的交易之后实际增加的筹码不会很多，甚至有可能是减少的，只要市场挂在那里的买单多于卖单就行。在这种情况下主力是有可能进一步推升股价的，所以这个可能性也不能排除。

如果这个可能性得到证实的话，那么我们还能得到一个附带的结论，那就是主力已经不再考虑增加筹码了。

本案例的细节分析已经结束，最后不能排除的是两种可能性，一种是主力减仓，还有一种是主力准备往上做。这是本案例细节分析的结论。

要对于这两种可能性进行研判还需要其他更多的细节，比如混杂在大挂单之中的市场单子的数量就很关键。

如果其中市场买单比较多，那么主力减仓的可能性更大一些，反之则往上推升股价的可能性更大一些。

实战中我们可以进一步观察盘面。如果接下来的交易依然维持此前清淡的样子，那么可以排除主力推升股价的可能性，剩下的就是主力减仓的可能性了。不过这种减仓行为不一定是主力的最后出逃，很可能只是一种阶段性的减仓行为。

案例 2 瞬间成交的大单

除了交易特别繁忙的时段，一般情况下成交的双方是一静一动的。

比如成交回报显示前面一笔交易以买①价成交，那么原来挂在买①价位上的单子就是静态的单子而卖出的单子就是动态的，这张动态的单子报到交易所就成交了，没有挂出来的过程。

对于大单子来说也是一样的。

比如一张大卖单挂在上面然后被打掉，这就是买方作为动态单子而卖方作为静态单子，反之如大买单挂在下面被砸掉则是卖单动态而买单静态。不管怎么说在成交之前我们是能够看到静态一方的挂单的，但有时候情况却不一样。

假设某股的交易并不活跃，日成交不过在 200 万股左右，盘中无论挂单还是成交都不超过 3 位数，现在的挂单如图 4-2-1，一切似乎在正常进行中。

卖⑤	11.35	134
卖④	11.33	89
卖③	11.32	50
卖②	11.30	95
卖①	11.29	120
买①	11.28	109
买②	11.27	98
买③	11.26	112
买④	11.25	190
买⑤	11.23	88

图 4-2-1

此时突然传过来一笔 4 位数的成交回报记录，以买①11. 28 元的价格成交了 1200 手，现在的挂单变化为图 4-2-2。值得关注的是在此前我们在买①的价位上只看到 109 手的挂单。

卖⑤	11.35	134
卖④	11.33	89
卖③	11.32	50
卖②	11.30	95
卖①	11.29	120
买①	11.28	23
买②	11.27	98
买③	11.26	112
买④	11.25	190
买⑤	11.23	88

图 4-2-2

显然在这一笔交易中不但卖单是动态的，而且还有动态的买单，更关键的是不论买单还是卖单其数量都非常大，超过了 1000 手，这是一个非常态的细节。

现在的行情更新速度达到 5 秒钟一次，因此参与这一笔交易的买卖双方几乎是同时下单的。

从逻辑上来说只有四种可能性。

可能性①：买方通过“红马甲”交易优势，一旦出现大的卖出挂单立刻买进。

可能性②：卖方通过“红马甲”交易优势，一旦出现大的买进挂单立刻砸掉。

可能性③：买卖双方报单后几乎同时到达交易所。

可能性④：买卖双方事先说好的默契交易。

如果是深圳交易所的股票交易就不存在可能性①和②了，因为深交所没有“红马甲”（即交易所内的场内交易员）。即使在上交所实现可能性①和可能性②也必须具备两个条件；一个是交易者报单要通过“红马甲”。现在交易者报单已经很少通过场内“马甲”，因为在外面报单也很方便和快捷。另外一个是“红马甲”必须时时刻刻紧盯着电脑屏幕，一旦出现逆向大单则必须在最多 5 秒钟的刹那间将单子报进去。要同时满足这两个条件几乎是不可能的，所以我们排除可能性①和可能性②。

在5秒钟内双方同时将两张大单子报到交易所的可能性不能说没有，但这是两张出现频率很低的大单子，而且报价完全一样，这种事件发生的概率实在是小得不能再小了，所以我们更愿意把它排斥在外，这样我们就排除了可能性③。

其实我们在前面三种可能性的讨论中是做了一个假设的，就是这笔成交的买卖双方是不知道的，现在我们要分析的就是在买卖双方知道的情况下的默契交易，也就是双方说好了同时以某个价格进行交易。

由于前面三种可能性已经被排除，因此实际上就只剩下这种可能性，而且很显然，我们无法排除这种可能性，实际结果应该就是这种可能性。

既然是一种默契交易，那么我们现在就进行交易对象的分析。

如果交易的双方都是某张一次性大单，那么是没有必要这样做的，完全可以由一方先挂出来然后另一方进行动态交易即可。

现在这样做的目的显然是尽量不想让市场看到挂单(每个行情终端得到交易所更新数据的时间是不一样的，所以这样也不能完全保证所有的行情终端都看不到这笔挂单)，而普通的筹码交换是没有必要这样偷偷摸摸的，所以至少其中有一方是盘中的主力，这样交易的双方有三种可能性。

可能性①：主力自己对倒。

可能性②：一次性大单接主力的筹码。

可能性③：主力接一次性大单的筹码。

主力对倒的目的是为了诱导市场，而挂单是最主要的也是必须要走的第一步。现在这样一笔交易的结果最多只能增加一些成交量，对市场起不到任何的诱导作用，所以我们可以排除可能性①。

现在只剩下两种可能性，不过目前我们没有办法排除其中的任何一种可能性。

不管是哪一种方式，至少我们已经知道盘中有主力，而且主力并不在建仓期。

如果是主力扔出了筹码(可能性②)，那么这张单子就是广义范围的老鼠仓，主力将在近期推升股价。

如果是主力接下了筹码(可能性③)，那么未来股价涨跌都有可能。

目前我们还无法排除可能性②和可能性③中的任何一种可能性，所以我们要继续观察盘面，以期发现更多的非自然交易细节。

案例 3　一闪而过的大单

某股盘子 8000 万，成交清谈，挂单以几手或几十手居多，鲜见百手以上的，图 4-3-1 是当时的挂单情况。

卖⑤	13.38	28
卖④	13.35	94
卖③	13.34	8
卖②	13.32	72
卖①	13.31	87
买①	13.30	53
买②	13.29	14
买③	13.27	43
买④	13.26	7
买⑤	13.25	38

图 4-3-1

请特别注意，现在的买①卖①分别是 13. 30 元和 13. 31 元。这时行情数据刷新了一下，传过来的成交数据是 261 手，成交价格是 13. 35 元，同时挂单也有了一些变化，如图 4-3-2。

这里还是要再重复说明一下成交回报数据中的成交价和成交量。

成交回报的数据一般在 5 秒钟左右更新一次，所以传过来的成交数量是 5 秒钟内累计的成交量。如果只有一笔成交那么这笔就是传过来的数据，如果有多笔成交，那么就累加起来。至于成交回报中的成交价是按照最后一笔的成交价计算的。如果其中有两笔成交且两张成交单的价格不一样，那么是以后面一张的成交价格来代替的，所以说我们看到的成交量不一定是全部以这个价格成交的。

卖⑤	13.46	43
卖④	13.44	80
卖③	13.40	110
卖②	13.39	88
卖①	13.38	28
买①	13.35	639
买②	13.30	53
买③	13.29	14
买④	13.27	43
买⑤	13.26	7

图 4-3-2

本例就是一个很好的实例，成交的 261 手其价格应该包括 13.31 元、13.32 元、13.34 元和 13.35 元，而不全是 13.35 元，13.35 元只是其中最后一张成交单的成交价格。

通过计算图 4-3-1 可知这 261 手正好是原来挂在卖①到卖④的卖单数量的和，表明在这 5 秒钟内并没有新的卖单挂出来。

由于只有 5 秒钟的时间而且交易本身又比较清淡，所以我们把这笔交易中的动态买单看成是一张单子。这样 261 手加上现在还挂在 13.35 元上的 639 手，我们算出来这是一张出价 13.35 元的 900 手动态买单。

交易继续进行，仅仅 5 秒钟，行情数据又刷新了一次，不过这次没有成交回报的数据传过来，表明在这 5 秒钟的时间内没有新的成交。不过挂单变化了，图 4-3-3 是新的挂单状态。

注意到其中的变化了吗？我们要培养快速反应的能力，对挂单的变化一定要非常敏感。

其实变动很少，就是原来挂在 13.35 元买①上的 369 手接单没有了。

如果这种情况只是偶尔发生一次，那么我们完全不必当真，因为股票交易中的偶然性事件很多，甚至会出现报错单子的情况。不过假如这种情况多次出现，那么我们就要来分析这个可能还没有引起市场注意的细节了。

我们先分析市场。

卖⑤	13.46	43
卖④	13.44	80
卖③	13.40	110
卖②	13.39	88
卖①	13.38	28
买①	13.30	70
买②	13.29	14
买③	13.27	43
买④	13.26	7
买⑤	13.25	38

图 4-3-3

对于市场的买家来说由于现在买①仍然在 13.30 元，所以新的买单不会大幅度提价，通常不会超过 13.31 元。而对于卖家来说，尽管卖①从原来的 13.31 元提高到 13.36 元，但由于买①的价位没有变，所以卖方最多降低 1 分钱挂在 13.35 元上面。这样在 369 手的大接单撤掉之后总体上挂单的价格与大单进来之前差不多，只是卖①高了一些。不过有一个变化是要注意的，那就是卖出的静态挂单少了 261 手。

对于市场来说大单的潇洒走一回似乎没有什么影响。

再看这张大单，这张大单子确实是想买筹码的，而且已经买进了 261 手。不过在大单进来之前交易者应该是能看到这总共 261 手挂单的，所以成交 261 手是意料之中的事，这样就没有必要用 900 手的单子来打，也就是说买的时候交易者就已经知道将会有 639 手的余单作为挂单而出现在新的买①的价位上面。

也许这样的操作比较省事，剩下的未成交的余单就这样挂着，等着市场的抛盘。

可就在下一瞬间 639 手的余单又撤走了。

既然要这样做，那当初就没有必要报 900 手进来了。

现在我们假设一下，如果这张 639 手的单子不撤会怎么样？

显然 639 手的挂单具有很强的威慑力，很容易诱导市场，从而会促使买卖双方提高价格，还有可能吸引到更多的买单，这样的结果很可能让这张639手的单子最后仍然无法全部成交。

任何一张买单都希望能够买到更低价位的筹码，所以这张639手的单子撤销是符合想买进筹码的心态的，现在我们就是要回答这张单子为什么要报900手的数量而不是300手或者更少的问题。

报900手或者报少一些其间的差别就在于剩下639手的大挂单。尽管挂出的时间很短，只有几秒钟，对于市场散单来说也许根本就没有注意到，但对于一些手持大单并且企图寻机卖出的交易者来说是会注意到的。

如果某交易者有一张50万股的单子要卖出，那么在本案例的情况下通常是不会把大单挂出来的，这样做的话非但成交不了还会引出市场的抛盘，最后股价下去了大单还是无法成交，所以在这种情况下一次性大单的交易者往往会密切关注着盘面，一旦发现有大接单挂出来就会立刻砸出去。所以说对于要卖出的大抛单来说交易者是会看见这张639手的接单的。

然而这张639手的接单很快就被撤消了，所以一次性大单的交易者仍然只能等待，期望大接单再出来。

前面已经说过这种情况多次出现，因此在几次重复以后一次性大单的交易者猛然醒悟了，自己只要将大单子挂在上面就会有大买单来扫货的。

事情已经完全清楚了，有人希望大卖单以现有的股价挂出来，然后再由自己用扫货的方式买进。

显然，这是有大资金希望在短期内大量建仓，而大资金的交易者正通过这种方式与潜在的持有一次性大单的交易者进行对话，尽管很有可能这张预期中的一次性大单并不存在。

其实买家本身也有可能是某张一次性的大单交易者，而如果盘中有主力的话操盘手也会考虑是否有必要把筹码扔掉一些。

案例4 收盘时的大压单

很多投资者由于没有时间观察盘中的即时交易，往往只能看看收市以后的交易情况。但此时我们看到的只是一天的交易结果，最多也就是股价的分时走势，其中特别重要的一些实时变化的挂单情况是看不到的，因此有时候主力就会利用收盘时候的挂单来诱导市场。

如图 4-4-1，某股收盘后的挂单基本上为 3 位数，但卖①却是刺眼的 5 位数，很容易引起市场的关注。

卖⑤	8.78	154
卖④	8.77	168
卖③	8.76	227
卖②	8.75	195
卖①	8.74	10230
买①	8.73	189
买②	8.72	188
买③	8.71	119
买④	8.70	209
买⑤	8.69	192

图 4-4-1

成交回报显示最后集合竞价的收盘价是卖①的价位即 8.74 元，共成交 291 手(注：深圳证券交易所最后 3 分钟是通过集合竞价来决定收盘价的，而上海证券交易所是根据最后 1 分钟的平均价来决定收盘价)。

根据最后的交易结果这些挂单是不可能成交的，所以我们不相信这 10000 多手的卖单都是市场的散单。而一次性大单这样操作也没有实际意义，所以同样可以排除，剩下的可能性就是主力的单子了。

其实就算对于一个经验不太丰富的投资者来说也很容易想到这是一张主力故意放在那里的单子。

主力为什么要放这样一张单子，这得由我们来解释。

现在我们就来分析这一交易细节。

先从市场开始，看看市场会有什么反应，也就是主力希望市场知道什么。

表面上看上面压着这么大的一张单子股价是涨不上去的，因为这会吸引抛盘出来从而把股价打压下去。不过这张卖单显然是主力故意放上去的，实际上也是不可能成交的，而且收盘后也吸引不了新的抛盘，所以主力只是想通过这张单子告诉我们主力的存在。

主力既然通知市场那就是说主力很快就要推升股价了，因为主力要建仓或者出货是不会告诉市场的。

再补充一点当天的交易结果：该股当天下跌约 3 个百分点。

看来股价正好处于一个至少是短期的低点。

市场得到的信息似乎应该是这样的：主力已经进入运作，股价很快就会上涨，目前应该是一个不错的买入点。

这是主力真正的意图吗？

如果我们没有注意到当天盘中的实时交易过程或许我们很难继续分析下去，现在我们继续补充当天的交易过程：

下午股价一直在跌幅 3%左右的价位上反复拉锯，其间大盘逐波回升最后几乎翻红，但该股却一直在横向移动直到收盘。

在整个交易过程中有一个细节是盘后所看不到的，而且就算我们一直在观察也不一定能够想到的，那就是在挂单中从来没有出现过 5 位数的卖单。这一明显弱于大盘的走势表明盘中的抛压比较重，这种逆大势的集中性抛压一般以主力为主，也就是说主力当天在逆势减仓。尽管主力有可能只是阶段性减仓而不一定是全身而退性质的仓皇出逃，但在最后一刻挂出超大卖单则要特别注意。

超大卖单是告诉市场股价要涨了，但实际上当天主力完全可以顺势推升股价，所以只能理解为主力一直在孜孜不倦地减仓。

反过来思考，主力为什么不在盘中交易的时候挂出大卖单？因为这样会真的引来更多的卖单从而影响到主力的减仓。

另一个问题是：主力为什么不在最后阶段做收盘价？

最后阶段做收盘价的一个重要特点是不会有市场的跟风盘，因为时间太短，市场还难以接受被推升了的股价。而且由于股价一直在盘整，所以上档会积累较多的卖出挂单，这样主力做收盘价的代价太大。

显然市场的理解是错误的，由于主力正在积极减仓所以股价并不会立刻上涨。

那么是不是有这样的可能：主力只是阶段性减仓而不是全身而退，而且主力减仓的任务已经在当天完成，这样接下来主力还是有推升股价的可能。

这里有两个矛盾的地方，一个是假如主力今天已经完成阶段性减仓而准备推升股价的话，根本就不用等到下一个交易日，当天尾市就可以借大盘回升之际发力。

另外一点是短线压力。由于当天减掉不少仓位，因此当天市场买进的筹码就成为短线上涨的压力。只要短期内股价上涨这批筹码就会出来，而主力也不可能在短期内把自己刚刚抛出去的筹码再从股价被推升后的高位接回来，所以这样的可能性是不存在的。

主力真正的目的是希望下一个交易日能够吸引到更多的市场买单，或许主力还想减仓，或许是为了消化今天市场从主力手中接下的短线盘。

分析本案例细节的关键还在于全天的实时行情演变，所以我们要做短线的话还要观察实时交易的过程，单靠收盘后的交易结果是不够的。

案例5　成为“帽子”的大单

图 4-5-1 是即时挂单的情况，其中有一个细节一定会引起我们的注意，那就是在卖①价位上的大单。由于这一价位上的挂单比其他所有价位上的挂单明显要大很多，所以我们把这张挂单称为“帽子”，就像戴在买进价上面的帽子。

卖⑤	9.25	154
卖④	9.24	68
卖③	9.23	27
卖②	9.22	83
卖①	9.21	1120
买①	9.20	43
买②	9.19	88
买③	9.18	119
买④	9.17	20
买⑤	9.16	67

图 4-5-1

当时的背景是这样的：交易时段内挂单基本上以 2 位数为主，偶有 3 位数的，不过在过了一段时间以后出现了卖①价位上 4 位数的大单。

接着出现了一笔1215手的抛单将9.18元和9.19元上面的接盘砸掉，然后变成图4-5-2的挂单，原来挂在9.21元上的大单没有了。

卖⑤	9.24	68
卖④	9.23	27
卖③	9.22	83
卖②	9.21	20
卖①	9.19	1084
买①	9.18	119
买②	9.17	20
买③	9.16	67
买④	9.15	120
买⑤	9.14	74

图 4-5-2

随着下档接单的逐步增加又重复刚才那一幕，只不过买①和卖①价位再次下移。

这一细节说明什么呢？

先来看上面卖①始终存在的那笔大单。

既然在交易过程中一直有动态的大抛单在往下砸，所以就算有大接单也肯定会在下面挂而不会主动往上去打卖①的大单子，因此那笔挂在卖①的大单并不是真正想要成交的单子，这样我们就可以排除市场散单或一次性大单的可能，也就是说这张挂单就是主力的。

接着我们来分析主力的意图。

由于有大单压在上面，然后又不断地有抛单往下打压，接着挂在卖①的大单又不断降低价位，这种情形怎么看都像是主力要出逃的样子。

我们在以前的看盘过程中经常会出现这样的感觉，但这只是感觉，我们还需要依据，需要进行仔细的分析。

其实感觉往往就是市场的回答，而这种感觉一般都是主力所期待的，也是主力通过交易的变化告诉市场的，但这种感觉不一定都是正确的。

我们知道，主力有时候会把自己真正的意图隐藏起来，而我们就是希望通过细节分析来挖掘出主力的真正意图。

现在我们已经知道卖①这张单子是由主力所为，接下来我们分析它的可能性。

可能性①：主力建仓。

可能性②：主力出逃。

可能性③：主力阶段性减仓。

可能性④：主力洗盘。

由于卖①的大单使得市场处于恐慌之中，导致市场筹码出逃是完全有可能的，而卖①的大单又是主力所为，因此主力是希望市场筹码出来的，不过我们并没有在下档看到很多的接单。根据对称性原理上下挂单的数量应该是差不多的，至少在数量级上是一致的。本案例中除了卖①以外上档挂单基本与下档挂单差不多，而且小单不少，因此可以认定除卖①以外的挂单大体上是市场的自然挂单，而动态的大单子又都是抛单，因此我们可以看出主力并没有买进筹码，这样我们就排除了可能性①。

只有在一种情况下我们还不能排除这一可能性，那就是主力当天的目的就是希望股价下跌，然后在以后的日子建仓。不过这种可能性很小，因为今天主力抛出了很多筹码，而处于建仓阶段的主力是不会冒这么大风险的，而且如此明目张胆的运作也不符合主力建仓必须静悄悄的特征。

主力出逃的意思就是全身而退。

由于主力握有大量的筹码，因此出逃的时候会非常隐蔽，有时候以小量逐步撤退，有时候制造巨量上涨的假象，引诱市场买单进场从而给自己出货提供接盘。现在的情况是股价正在下跌而且主力通过大压单告诉市场股价要下跌，这与主力出逃的意愿明显违背，所以我们排除可能性②。

阶段性减仓的含义如下：主力在推升股价的过程中新增了较多的筹码，影响了资金的利用率，因此考虑将新增的仓位降下来，然后再重新推升股价。

阶段性减仓并不是全身而退，所以在阶段性减仓的过程中主力希望股价下跌的幅度越小越好，这样就为以后继续推升股价打下了好基础。

始终挂在卖①的大单表明主力很希望市场的筹码抛出来，所以主力的目的并不在减仓，即使是阶段性减仓也不现实。尽管其中有些抛单可能是主力所为但这些量还不能称之为阶段性减仓，充其量只能是正常的操作(主力在运作的过程中始终是有买有卖的)，所以可能性③也可以排除。

最后只剩下可能性④我们无法排除。

所谓洗盘是一种在主力的意愿下进行的市场换手。

主力在推升股价的过程中经常会通过一些手段强制市场进行换手，从而提高市场持有筹码的平均成本，最终达到减轻市场抛售压力的目的。

本案例的挂单有一种很明显的迫使股价下跌的态势，这样就会吸引市场的抛盘。如果抛盘不多但下面有接盘，那么主力就会把自己的筹码扔给接单，至少保证让这些接单成交，也就是说在当天主力部分担任了卖方的角色。

从当天的交易过程看市场的抛单应该不会很多，因为卖①的变化不大，其他卖出价位的变化也很慢，所以主力应该只是临时充当了卖方市场。

现在我们知道了，主力的真正目的是为了洗盘，那么目前还只是股价上涨过程中的一次停顿，在洗盘结束后主力将会继续推升股价。

相对于我们的操作来说，如果有筹码的话应该继续持有，如果没有筹码的话理论上可以买进，但这次洗盘的低点以及未来的高点还需要另外研判。

案例6　当接盘大于日成交量

某股一般日成交量在200万股以内，可在交易中突然出现了如图 4-6-1 的挂单现象。

根据对称性原理，上下挂单起码是应该同数量级的，而现在居然差了两个数量级，另外再根据“小单真实性”原则，下面挂的超级大接单肯定属于非自然交易的挂单。

由于下档的接单总和已经超过了该股的日成交量，因此我们可以把这种挂单称为“巨量挂单”，这种巨量对小量的状态值得我们关注。

不用考虑，我们首先可以排除这些大接单来自市场散单的可能性，另外我们也可以排除是某张一次性单子所为。如果哪个交易员这样下单的话，第二天就会被老板赶走。

剩下的就是主力在运作了，至于主力的目的就是我们要分析的。

卖⑤	14.25	54
卖④	14.24	48
卖③	14.23	21
卖②	14.22	43
卖①	14.20	50
买①	14.18	2121
买②	14.17	3033
买③	14.16	1210
买④	14.15	4318
买⑤	14.14	2109

图 4-6-1

由于下面有这么多的接单挂着，所以市场只有在更高的价位进行交易，因此股价上涨似乎是必然的结果，所以这些挂单能够起到吸引市场买单的作用，而且对于市场卖单还有威慑作用。

由于市场看得出下面的挂单来自主力，因此市场似乎已经得到了一种强烈的暗示，即主力马上就要推升股价了。

这应该就是主力所希望的，但这是不是主力的真实意图呢？

我们经常采用的方法是反证法，其思路就是逆向思维。

首先我们考虑：如果主力确实准备推升股价，那么有没有必要在下面挂出巨量接单呢？

主力要推升股价有两条路可走，一条是自己干，另外一条就是借市场的力量干。

现在主力通过挂出巨量接单“告诉”市场股价要涨了，自然就是希望市场买单进场，通过市场的买单将股价推高，换句话说就是借市场的力量推升股价，所以说主力并不想自己干。

主力的真正意图就是希望市场自己将股价推上去。

股价是有互动性的，市场理解为主力要推升股价，所以大家争着买进而卖家也不敢抛，结果股价确实上去了，但不是主力推的，而是市场自己把股价推上去了。

主力的目的我们知道了，但通过这个细节我们可以对主力的情况有更多的了解。

如果主力准备以自己为主推升股价，那么一般情况下都会增加筹码。现在主力并不希望以自己为主干，那至少表明在目前的时点和价位主力不想再增加筹码。既然不想增加仓位，那么主力现在就不是在建仓期，也不是刚刚完成建仓，因为在通常情况下主力在建仓价位附近开始推升股价的时候并不希望市场过多的参与，所以主力应该已经远离了建仓期，甚至不排除是被套的主力。

由于巨量单子确实是挂出来了，那么起码会有部分成交的可能，由此我们还可以得出两个推论：

推论①：市场上的大单子已经不多。

既然主力已经过了建仓期，而且不希望增加筹码，那么挂出这样的单子就表明市场上的大单子已经很少了，不会有大量的大单子砸出来。

这里所说的大单子是指浮动的大单子。

推论②：主力资金状况良好。

目前挂出来的单子都必须有资金作为保证，以前那种没有资金也可以挂单的情况现在已经很少见了，因此至少从资金这个角度考虑主力起码有增加这些筹码的能力，这对于推升股价是一个资金上的保证。另外我们也应该想到，主力的大单就这样挂着，尽管市场可能没有这么多的抛单但多少还是会有一些的，换句话说主力的这些挂单还是有可能成交一部分的，特别是挂在买①位置的大单，这就表明主力的资金状况确实良好。

配合这两个推论我们可以得知主力并没有主动推升股价的打算，但市场的推升能力是有限的，即使有一些买单冲进来将股价打高一些也是无法维持的，所以说主力的这样一种挂单行为只能理解为是一种护盘的手法。

至于主力什么时候才会主动推升股价我们单凭这些超级挂单还看不出来，不过通过分析我们可以知道，主力的资金在目前的价位和时段都不成问题，市场上浮动的大抛单也不多，因此离主力推升股价的时间不会很远，该股需要我们密切关注。

再说一些题外话。

如果后来这些大单撤销了，说明什么？

在进行下面的分析之前建议投资朋友自己可以先分析一下。

一种可能是市场的抛盘超过了主力的预期。

尽管我们在前面经过分析认为主力预期市场上的浮动大抛单不会很多，但这也只是主力的预期，实际上可能主力的预期错了，在接下了一些抛盘之后主力及时纠正了自己对市场抛单数量的预期，随后选择了回避。

还有一种可能是市场的买单少于主力的预期。主力原先期望市场的买单能够迅速增加并将股价推高一些，然而实际上进来的买单数量远远少于主力的预期，股价的上升速度和幅度都受到了影响，这样随着时间的推移卖方会增加卖出的力度，于是主力选择了放弃。

以上两种可能性我们可以通过观察盘面的变化来得到证实。

案例 7 “轻轻的帽子”

在案例 6 中我们已经提到了“帽子”这个概念，它包含多种意思。

第一种意思是上档卖出价位通常是一个整数位或相当接近整数位。第二种意思是上档卖出价位上有很大的挂单。第三种意思是上档的价位是一个相对高位。

不过用得最多的是第三种意思：阶段性高点。也就是说在一个阶段性高点再现的时候出现在这个价位或者附近的明显偏大的挂单就叫做“帽子”。

大盘大跌，但某个股却仍然我行我素震荡上行到了两个月以前的高点附近并进入盘整，而这个高点也是该股上市九年来的高点，所以是一个不择不扣的“帽子”。

对于这样一个价位，绝大部分的筹码持有者一定不会忽略，因此，通常情况下的交易状态是大量的挂单会不断出现在这个高点附近，而这个高点也就会成为“帽子”，而且这顶帽子会比较重。

本案例的情况是该股在上冲到高点附近时上档却没有像样的挂单。

该股流通盘 1 亿多股，不过现在挂在上面的卖单没有超过 50 手的，同时下方的接单也是稀稀拉拉，感觉是一种相当清淡的交易状态，不过股价却是逆大盘而涨的。

显然这是一种少见的情况，这种“轻轻的帽子”的细节说明什么呢？

“帽子”现象源于市场自然交易的结果，现在“帽子”既然变轻，那么就不是自然的交易结果，因此值得我们关注。

由于我们相信“小单的真实性”，根据目前市场挂单的数量可以断定真正的市场参与者很少，也没有一次性大单参与。不过是否有主力参与还不能断定，因为主力也是有可能以小单方式参与的。

不过目前的价位是九年来的高点，所以目前的筹码几乎都是获利筹码。在这样一个关键价位附近大量获利筹码不但不抛甚至连挂出来都不愿意那就只有一种可能性，散落在市场上的筹码不多了。

市场上散单不多的另一种说法就是筹码被高度集中起来。

一次性大单可以集中部分筹码，不过一次性大单完成后是不会再参与市场交易的，而现在股价却在逆势走强，这就排除了一次性大单集中锁定筹码的可能性，或者说即使有一次性大单锁定了部分筹码但仍然是有主力在其中运作的。

由于现在股价逆市走强，所以尽管挂单很小，但我们还是认定这些小单中有一部分是主力所为。

逆势走强的个股如果没有基本面的影响，那么一定是有主力在干预的，或者正好有一张一次性大单在买进，现在我们排除了一次性大单的可能，那么就是主力在运作了。

主力运作股价不一定要大单，实际上很多情况下也并不需要大单，只是大多数主力操盘手缺乏足够的经验和心态，喜欢所谓大手笔运作，这样对于我们进行细节分析很有帮助但反过来对主力是不利的。不过完全放弃大单也不行，没有大单就很难达到吸引市场的目的，关键是要知道什么时候用大单而什么时候又是需要用小单的。

不过主力操盘手也有一些是非常有经验的，本案例的清淡挂单中有一部分应该是主力所为，特别是接单中的一部分。

我们知道，冷清的市场是很难吸引新的买单的，所以主力现在好像并不急于吸引买单。

考虑到现在价位的特殊性，即使主力在上面挂出一些大的卖单也不至于引起市场的恐慌，然后主力再通过扫单的方式一举冲破前期的高点是会吸引市场新的买单的。但主力没有这样做，说明什么呢？

结论①：主力在目前的时点和价位并不急于减仓。

结论②：主力在目前的时点和价位并不急于推升股价。

结论③：股价还有新高可期，而且新高离目前的距离比较远。

前两个结论前面已经分析过，至于未来创新高是很自然的推论。如果新高就在目前价位附近那么主力就应该在目前价位通过各种手段来吸引市场以便让自己出逃，至少主力目前握有大量筹码，要全部出逃还需要做大量的工作，在时间上来说也需要有足够的准备。

通过这些细节的分析可以直接做出投资决策：如果有筹码的话继续持有，耐心等待主力出逃迹象的出现。也可以继续买进筹码，不过由于股价已经达到“帽子”的价位，所以不宜作中期的打算，应以短线为主，买进后要注意观察行情的变化。另外由于挂单的稀少也不宜大量买进，所以只适合少量资金参与。

“轻轻的帽子”对于持仓者是特别要注意的，它可以让你的收益继续增加以尽量达到收益的最大化。

本案例的后继走势：尽管未来一段时间大盘走势并不强劲，但该股却连创新高。

案例 8　放量下跌中的成交次序

我们经常会在盘中看到放量下跌的现象。

放量下跌的主要特征是放量，就是在股价下跌的过程中成交量越来越大，实时走势图上表现成交量的柱子越拉越长。

通常市场对于放量下跌会比较恐慌，这是因为由于大量的筹码在下跌过程中进行换手，那么在以后股价回升的过程中获利盘就会增加很多，最终就会压制股价回升的势头。

不过这样的结论有些片面，对于其中的某些情况结果未必如此。

有些基本的概念我们可能没有在意，比如在股价下跌的过程中所发生的成交量我们称之为抛盘，言下之意就是这些成交量都是卖出的单子，但实际上成交并不是单方面的，每次发生的成交量其实都意味着有相同数量的买单和卖单，也就是说买卖双方是共同进行的。所以当我们看到有多少筹码在卖出的同时一定不要忘记了有同样数量的筹码同时在买进。

我们要关注的不但是成交量有多少，更要关注这些量是怎么出来的，其中的过程更重要。

成交量只是一个成交的结果，在这个结果出来之前还会有过程，其中最重要的就是挂单，包括我们能够看到的静态挂单以及我们看不到的动态挂单（一般也称为主动性单子）。挂单的重要性我们已经知道了，而且在众多的案例中也进行了分析，不过其中更为隐蔽的一些细节也应该引起足够的注意，本案例的重点就是其中一个很细微的细节：成交的次序。

成交是由买卖双方一起参与的，不过这两方面的单子并不是同时挂进去的。尽管在理论上存在同时挂进去并同时成交的偶然性，但实际上绝大部分成交的买卖双方并不是同时挂进去的，这样就有了一个挂单先后次序的问题，这就是我们现在要关注的。

简单说我们要关注的就是先有买单还是先有卖单，或者说哪一方是静态挂单哪一方是动态挂单。

由于小单的真实性，所以我们对于小单的成交并不感兴趣，重点在大单上面，包括静态挂单中的大单和主动性的动态大单。

某股股价的平静运行状态被打破，之前的挂单情况如图 4-8-1，现在的成交回报是以 11.00 元成交了 167 手，挂单情况如图 4-8-2。

很显然，这是一笔以 11.00 元报价挂进来的 200 手动态卖单，最后成交了 167 手，还剩余 33 手没有成交。由于现在的买①是 10.98 元，所以剩下的 33 手以 11.00 元作为卖①成为静态挂单。而成交的买单中我们简单计算就知道原来在 11.00 元及以上的价位上静态挂单正好是 167 手，表明在这 5 秒钟内没有新的挂单进场。

分析显示这笔成交是大卖单与小买单在进行交易。

我们忽略小单，那么股价的下跌是由大卖单引起的，这个次序很重要，我们称之为先有卖单(抛盘)，这里指的是大卖单，否则的话应该是没有先后的。

先有卖单就是指在挂单为市场散单的情况下由大单主动往下砸，表明大单出货坚决，而低位接单一般是被动的小单集合或者是抢反弹的散单。如果这种大单出逃的现象连续出现，那么除了是一次性大单的出逃以外，也很有可能是

卖⑤	11.12	34
卖④	11.11	21
卖③	11.10	110
卖②	11.08	42
卖①	11.07	67
买①	11.06	22
买②	11.05	13
买③	11.02	43
买④	11.00	89
买⑤	10.98	19

图 4-8-1

卖⑤	11.11	21
卖④	11.10	110
卖③	11.08	42
卖②	11.07	67
卖①	11.00	33
买①	10.98	19
买②	10.95	40
买③	10.93	21
买④	10.90	55
买⑤	10.88	110

图 4-8-2

主力的出逃或者阶段性的减仓。

有一点可以肯定：在下跌的过程中没有大资金在买入。

现在我们仍然回到图 4-8-1 的状态，不过在此之后并不是一笔大单抛出来，而是在 11.05 元的价位上又加上了 250 手的买单，使该价位的接单数量增加到 263 手。这笔增加出来的 250 手我们认为是一张大接单，因为很难解释瞬间有那么多的接单挂在同一个价位上。

卖⑤	11.12	34
卖④	11.11	21
卖③	11.10	110
卖②	11.08	42
卖①	11.07	67
买①	11.06	22
买②	11.05	263
买③	11.02	43
买④	11.00	89
买⑤	10.98	19

图 4-8-3

接着有大单砸出来，以 11.05 元成交了 285 手，挂单情况如图 4-8-4。

卖⑤	11.11	21
卖④	11.10	110
卖③	11.08	42
卖②	11.07	67
卖①	11.05	15
买①	11.02	43
买②	11.00	89
买③	10.98	19
买④	10.95	40
买⑤	10.93	21

图 4-8-4

很明显，这是一笔 300 手的大抛单砸出来，成交 285 手，还留下 15 手挂在 11.05 元上成为卖①的挂单。

与前面相比同样是一笔大单砸出来，但不同的是这次在被砸前出现了一笔大的静态接单，所以这次是大单与大单在进行交易。

再来看次序，很明显是接单在前，所以是先有接单。

如果这一现象重复出现，那么对于下面的大接单同样存在三种可能：一次性大单建仓，主力建仓或者主力阶段性回补。

与前面一种情况不同的是，在这次的放量下跌中，买卖双方都有大资金参与，这一点很重要，尽管股价仍然在下跌。

下跌的市道中成交量萎缩是市场的一种常态，在这种情况下很多大卖单因为没有大接单而无法出逃，所以一旦在下面出现了一些大接单那么主动性卖单很可能会不断出来，导致成交放大。由于市场疲软，多数情况下大接单会越挂越低，导致股价也开始连续下跌，甚至只要下面有大接单出现大单就会砸下来。

这样交易的结果一定是放量下跌，也同样是筹码出逃，但我们要关注的是这些主动挂在下面的大接单，它显然有吸引大抛盘的意图。

既然买卖双方都有大单参与，那么关注的价值就更高一些。

很多主力操盘手以为在成交稀疏的下跌行情中根本无法建仓，这是错的，交投清淡并不等同于没有大抛盘，所以才会有试盘这样一种手段。

其实只要在股价大幅度下跌的过程中挂上较大的买单，一般都能够吸引到不少大抛盘，而且还不容易引起市场的注意，也不会造成股价上涨从而达到降低建仓成本的目的，所以这是一种非常有效的建仓方法，对于准备中长期运作的主力来说特别合适。

案例9 “一开就冲”之谜

图 4-9-1 是恒丰纸业(600356)2010 年 1 月 25 日的实时走势图。

有时候股价会出现这样的走势：默默无闻的开盘,集合竞价的量也很小，开盘价也与前收盘价相差无几，应该是一种随大流的态势。不过开盘后股价却突然脱离大盘走势而一路上涨，即使大盘在开盘后有所上涨股价也是明显强于大盘。

这种走势可以称为“一开就冲”，是一种经常会在盘中看到的走势。

由于是无量且平开盘，因此表明大盘比较平静而且个股也没有基本面方面的重大消息，正常的交易应该是随大盘而波动，但开盘后的快速上冲显示出股价的异动，这种明显强于大盘的走势表明其中的交易属于非自然性交易，通常

图 4-9-1

是有主力在运作。

“一开冲天”的走势并没有一定的答案，其真正原因的研判取决于期间的其他一些交易细节，换句话说这种走势只有结合了其他的交易细节才有可能找出其中的答案。

本案例是“一开就冲”中的一个实例，满足“一开冲天”的基本条件，但增加了一些下面提到的交易细节，这种情况就属于“一开就冲”中比较常见的类型。

细节①：股价开始上冲时上下挂单都很少，成交量也不大。

细节②：上冲几分钟以后接单开始增加。

细节③：最后出现大抛单将下档的几档接单一下子全部砸掉。

现在我们来逐一分析这些细节。

细节①说明市场依然非常平静。

根据“小单的真实性”，挂单继续延续开盘时的态势，表明主力也没有刻意地多挂单子。不过股价的超强上涨是确实存在的，因此这些动态的买单应该属于一次性大单或者属于主力。

由于个股在基本面方面没有变化，因此一次性大单不会在一开盘就一路往上打，因为没有大的卖单挂在上面，一次性大单这样操作的话既没有买到多少筹码又把股价推高，是非常不合算的。不过我们仍然不能排除一次性大单的可能，但就算有这张大单也应该也比较小，或者是还剩下一些筹码需要买进，经过这样一阵子扫单之后大单应该已经完成了。

不过主力同样是有可能的。如果是主力，那么这样一路买进会增加一些仓位，不过总的成交量并不大所以还不能说明什么问题。

细节②是静态买单开始增加。

一般来说股价的上冲会吸引一些市场的买单，这是自然现象，不过如果是主力在参与的话，其中也有可能会掺杂一些主力的大接单，甚至有可能增加的接单全部都是主力的。

如果是主力在增加接单，那么表明主力是有意吸引市场买单的，而且态度比较坚决。因为前面一路往上打是吸引市场买单的第一招，接着在下面挂买单已经是吸引市场买单的第二招了，可见主力决心较大。

不过我们可以排除一次性大单的可能。操作一次性大单的交易员事情很多，即使要挂买单也会挂相对大的单子，而且前面我们已经知道即使是一次性大单也应该已经完成了。

不过我们还是没有办法完全排除细节①中一次性大单的可能。如果细节①是一次性大单在买进那么主力也有可能在下面挂上一些买单迫使一次性大单在更高价位上面去完成。

至此我们的初步结论是：

细节①中的主动性买单可能是一次性大单（很可能已经完成）也可能是主力。

细节②中增加的接单可能是市场散单也可能是主力。

细节③是整个上冲过程的关键，一般来说到此为止股价的上冲至少会暂时告一段落。

这种现象可以排除市场散单，因此只有两种可能：或者是市场上某张一次性大卖单砸出来，或者就是主力自己砸出来。

如果是一次性大单砸出来，那么根据前面的分析，细节①中的动态买单就不是一次性大单而是主力，因为一次性大单不会在当天既买又卖的。

如果是主力砸出来的，那么不管细节②中增加的挂单是主力的还是市场的，至少主力能够成交一部分，也就是说主力在减仓。

现在我们得到两种可能性：

可能性①：开盘后主力往上打，最后被某张一次性大单砸下来或者主力自己砸下来。

主力往上打一般是两种意图：试盘和推升股价。现在遭遇一次性大单阻击后会继续试，比如在下面继续挂一些单子观察是否这张一次性单子已经完成。

如果之后下档没有像样的挂单挂出来就可以排除一次性大单继续砸出来的可能。

可能性②：开盘后一次性大单往上打，最后主力砸下来。

表明现在主力的主要愿望是减仓。

由于结论并不一致，所以我们只能继续观察。以下情况下结论较为明确：

情况①：下档接单继续出现。

一次性大单建仓已经完成，所以排除一次性大单继续挂单。由于股价已经回落，市场散单也不会跟进。最后只有主力自己挂，这是主力进一步试盘的手段。

关注有没有连续的大抛盘，如果没有，则主力推升股价当天可期；如果有持续的大抛盘表明确实有一次性大单在卖出，估计几个回合后主力会放弃。

情况②：下档没有挂单进场，股价回到原地随大盘波动。

表明主力往上扫单后市场没有跟进，然后主力自己减掉一些仓位放弃运作。

遇到这种情况我们首先要做的就是再看一看，再等一等。

案例 10　巨量与出逃

图 4-10-1 是双环科技(000707)2006 年 10 月 25 日的实时走势图。

该股当时流通盘 3 个亿，近期股价已经横盘多个交易日并成交清淡，日成交量 300 万股左右。

当天交易在下午 1 点半之前依旧如故，挂单比较清淡，成交也相对稀少。

图 4-10-1

不过在下午 1 点半过后，首先是挂单情况发生明显的变化，上下挂单纷纷出笼，近期一直被 2 位数占领的挂单位置全部被 3 位数甚至 4 位数挂单所占据，股价被笔直推升 4 个百分点的涨幅，而同期大盘走势仍然温和。

在上涨了 10 多分钟后股价有所回落但收盘仍上涨近 3 个百分点，远强于大盘 1 个百分点左右的升幅。

当天成交了 1500 万股，是前几个交易日成交量的数倍。

我们可以用一个市场上非常熟悉的词语来概括这个案例，叫做“放量上涨”，一般市场对此的解释为“后市将继续上涨”。

不过股价走势没有一一对应的答案，放量上涨只是一个结果，导致这个结果的可能性有很多种，所以放量上涨之后的走势也是各不相同的，需要我们对具体的情况作具体的分析。

首先我们可以排除散单的情况，其次排除一次性大单的情况，所以这么大的成交量一定是有主力在其中运作。

既然股价涨幅远超过大盘，那么就属于主力推升股价的行为。既然主力已经在推升股价了，那么继续推升也是有可能的，但目前还只能是可能性。

对于当天的整个交易过程有几个细节要引起我们的注意。

细节①：大量大单的出现。

细节②：3 个百分点的涨幅。

细节③：数倍成交量的增幅。

细节①显示，主力在运作的过程中挂出了相当多的挂单，造成买卖挂单活跃的假象。实际上市场上的挂单绝对不会在相隔一个交易日之后增加 4 倍，所以这是一种过渡性的仿制。

这里要顺便说一下市场挂单为什么会这么多。

对于这种盘子本身不是相当大，平时交投又不活跃的个股来说，即使出现了一些意外的因素甚至包括基本面的变化，其吸引的挂单也不会这么多，这是一个特性。如果确实有这么多的买卖单子想进来成交，那么其中的大部分会作为动态单子报进来，因为挂单中买①和卖①始终是大挂单，所以动态挂单完全能够成交，没有必要排在后面似乎很难成交的样子，所以对于这种类型的个股来说上下挂单特别大就意味着是主力在运作。

现在我们要解释主力这样做的意图。

直观地说，这么多的挂单意味着参与者很多，似乎想买进多少都可以，想卖出多少也可以，这应该是主力希望市场这样想的，也就是主力希望告诉市场的。

不过我们应该这样理解：主力希望接盘进来也希望抛盘出来。

主力推升股价后把股价控制在一定范围内进行横盘，这样就使得交易的价格相对集中，如果市场上确实有大量的买卖单子在今天交易，那么价格应该是差不多的，这样就起到了实质上的强制性市场换手的目的。

主力的目的就是逼迫市场在目前价位进行强制性换手吗？

细节②告诉我们当天的涨幅是 3 个百分点，而且前几个交易日该股交易都是清淡的。

我们先分析当天的卖单。

如果是中长线的持有者，由于当天股价走势强劲，有一种向上突破的样子，所以基本上不会卖出，至少还会再等一等。而前几个交易日交投清淡，所以短线筹码也非常有限，当天的1500万股是无法解释的，换句话说这1500万股中至少有一半是主力自己的。

再分析当天的买进者。由于股价呈向上突破状，一般会吸引短线资金，因此会有部分市场买单进入，而且数量要多于短线的卖单，另外还会有一批中长线的买单加入。

显然，从定性上来说买单要远多于卖单，反过来说就是主力在这场堆量的过程中减掉的仓位要大于增加的仓位。

现在我们知道了，真正的结果是主力的仓位在减少。

主力不想告诉我们的就是减仓，这才是真正的目的。

不过我们不知道主力具体的减仓数量，所以可能会这样想：是否也有这种可能，主力为了以后推升股价的方便在当天通过拉高股价增仓从而达到消化获利盘的目的，这样以后推升股价的压力就会比较小。

这种想法是矛盾的。主力今天堆量了，等于是告诉市场股价要涨了，因此卖单就会缩回去，反而会引来买单，这与主力拉高股价增仓的目的完全相反，所以这种想法是不着边际的。

如果主力要达到增仓的目的就不会像现在这样做，比如可以不用带量，只要将上档挂单打下来即可。

作为一种特例我们也要顺便提一下。

如果某张一次性大单的量特别大，比如600万股，希望在最短的时间内出完，那么采用这种方式也是可取的，只要交易者有足够的经验。不过成交量做不到这么大，因为当天需要进行广义对倒，比如广义对倒100万股，那么至少当天交易结束后还会留下100万股。不过由于当天这种走势第二天要单向卖出100万股是完全有可能的。这样操作的话平均卖出价肯定比原来悄悄地卖出要好，而且关键是时间短。不过假如是卖出600万股单子的话当天的成交量是做不到1500万股的。

案例 11 大抛单一闪而过

图 4-11-1 是华鲁恒升(600426)2006 年 11 月 23 日的实时走势图。

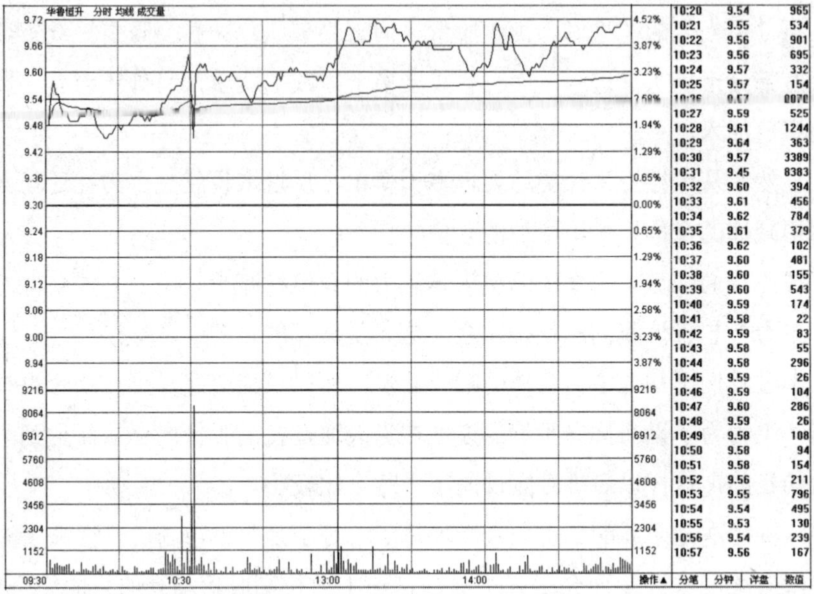

图 4-11-1

当天 10 点半左右，该股股价上涨到 9.65 元左右，此时股价出现异动，连续出现几笔超级大抛单，甚至有一笔多达 8000 多手的抛单将下档的接单砸掉，股价瞬间低至 9.40 元，不过很快股价恢复到原位。

这是一笔不寻常的交易，自然会引起我们的关注。

回忆这笔 8000 余手大单砸出来之前的挂单情况。

当时下面的 5 档接单总数远不到 8000 手，买⑤的价位是 9.60 元，而大单的成交在 9.40 元，这也被事后证明是当天的最低价。

尽管现在有的行情软件可以显示上下 10 档的挂单，但 9.60 元与 9.40 元相差 2 个百分点左右，即使再多显示 5 档接单估计也看不到 9.40 元的挂单，更何况又有谁会将这么一张超级大买单挂在那么低的价位守株待兔呢？

显然这不是一笔自然交易的单子。

由于单子的数量高达8000手，所以我们可以把市场散单排除在外，剩下的就是一次性大单和主力大单两种可能。

因为接单挂在井底，所以买卖双方一定是有默契的，或者说是事先有约定的。

由于买卖双方只可能来之主力或一次性大单，所以从逻辑上来说有这么几种可能性。

可能性①：主力自己对倒。

可能性②：某张一次性大单倒给主力。

可能性③：主力将筹码倒给某张一次性大单。

主力对倒肯定是有目的的，排除调整账号之类几乎不会发生的可能性以外只有一个目的，就是堆量。而同时买卖的对倒跟价格是没有关系的，因此没有必要利用超低价进行对倒。如果主力想通过这样的对倒而让底下的挂单成交的话根本就不用扔这么大的单子，这种操作很容易引起监管层的注意，所以可以排除可能性①。

既然买卖双方是有预谋的，那么一般事先就会定下来，选择交易的时段往往是清淡的时段，这样可以避免引起市场的关注。而满足这些条件的最好时段是开盘后的一段时间，这时候市场比较平静，挂单也相对稀少，所以本案例中这笔交易应该在开盘后就完成，当时的价格就是9.40元。现在这笔交易没有在该发生的时段发生，所以我们排除可能性②。

剩下的就是可能性③了，主力将这笔单子中的筹码倒给某张一次性大单。

后面的走势表明这笔交易是最大的，而且这张单子交易的时候在下档应该还有不少的接单挂着，所以这张一次性大单真正成交的数量不会超过4000手，这是一张不算很大的大单，基本上可以排除在机构之外，换句话说这是一张个人的一次性大单。

走势图显示，在开盘后一小时之内股价明显强于大盘而上涨，股价从前收盘价9.40元上涨到9.65元，升幅近3个百分点，而且股价在上升途中抛压较轻。在这种情况下主力一般会继续推升股价，而此时主力通过一笔瞬间交易将8000手喂给底下的一次性挂单，目的就是为了让这张单子获利，表明这张一次性大单子事先并没有约定，是主力操盘手临时决定的，因此我们知道这张一次性大单是主力操盘手自己挂上去的。

结论很明显：这张挂在下面的一次性大买单是主力操盘手的老鼠仓。

其实还有一个佐证。

在这笔 8000 多手的超级大单砸出来之前成交回报显示还有三笔大单砸出来，分别是：2872 手、1244 手和 3389 手。

这几笔的单子很容易解释，主力通过这样的方式减掉了部分仓位，不过在接单中也会有不少主力的挂单是同时成交的，这样就起到了堆量的作用。

还有更重要的一点，可能我们不会想到。

这笔 8000 余手的单子是很明显的，即使当时没有注意到但事后一看走势图上的成交量就知道了。对于我们来说有笔大单出现并没有什么，但对于主力来说肯定会关注的，所以操盘手需要一种说法。有了前面几笔大单的砸盘就可以掩饰过去了，因为这不过是一次正常的瞬间减仓行为而已，尽管单子比较大但有很多是自己的对倒盘，操盘手就这样把自己的老鼠仓蒙混过去了。

操盘手自然不会让自己吃亏，所以股价的上涨至少在短期内是可期的，我们可以以最快的速度跟进，尽管吃不到肉但至少可以喝一些汤。

案例 12　阶段性买单

每当我们看到涌进来几张大买单将上档挂单打掉的时候往往会以为是主力在干，其实未必如此。市场博弈的格局已经发生了根本性的变化，以前那种除了主力就是散户的格局早已烟消云散。在本书的开始我们就提到过，市场的博弈格局已经演变成市场自然散单、主力和一次性大单三方，其中一次性大单的出击也会对股价形成一定的冲击，有时候往往也会体现出一定程度的主力相，本案例就有可能会混淆视听。

某股股价位于几个月来的高位，当天盘中随大盘急速下跌，股价跌破 8.20 元的整数关后被一路打压到 8.12 元，之后大盘创出当天新低并出现回升迹象。此时因股价跳水的缘故该股上档卖出挂单较多，8.13 元以上几乎都是 300 手以上的大卖单，在 8.15 元和 8.20 元甚至有千手以上的压单。

现在随着大盘的缓慢回升动态买单进场，一笔一笔将上档压单悉数打掉，连续出现的动态大买单将股价推升到 8.20 元。现在 8.20 元是买①的价位，而上面的卖出价位上全部是零星小单，根本看不到百手及以上的挂单。

整个过程持续了约 5 分钟左右，随着 8.20 元的大卖单被干掉以后，主动性大买单也不再出现。

由于在下面的买进价位上并没有大量的挂单跟进，因此随着大盘再一次回落该股股价在小单的打压下也同样快速回落。

我们有时候会过分相信自己，所以看到这一交易过程即会拍着桌子肯定地说，这是主力在护盘，或者是主力在逢低买进。

也许我们的看法是对的，但这只能是其中的一种可能性，在没有完全排除其他的可能性之前我们要养成不盲目下结论的习惯。

先来分析挂在上面的那些大抛单。

由于前面股价随大盘大跌，因此市场上出现大单卖出是很自然的，接下来的跳水使得卖家特别是大单的卖家一时还适应不了下跌了的价格，一般的选择就是挂在上面，因为谁都知道，即使大盘再怎么下跌也会有回升的机会，所以挂在上面是完全有可能成交的，这样我们就无法排除挂单是市场散单的可能。

对于一次性大单来说，以这种方式挂单只可能引出新的抛盘，因此不会这样做，一般会少量挂一些。

一次性大单由于要卖出的量比较大所以会更倾向于用动态方式抛出以求当场成交，前提是下面要有较大的静态挂单，这样我们可以把一次性大单排除。

再来看主力的情况。

如果存在主力，那么这样做的话应该是吸引抛盘，目的只有两个，一个是建仓，另外一个是把市场的获利筹码赶出来，强制性地进行市场换手。

由于该股股价目前处于几个月的高位，因此不存在主力建仓的可能。如果在此进行中途的市场换手，那么主力首先应该先出一部分，也就是说首先应该是主力阶段性出货，然后在跌到一定的时候再逼市场的获利盘出来。既然这两种可能性都不存在，那么我们就可以把主力的可能性排除。

结论是明确的：上档的大卖单都是市场的自然散单，与一次性大单和主力无关。

现在再分析下档连续出现的动态大买单。

在大盘创出新低的情况下市场散单最多会出现一些零星大单，一般不会集中涌进来，即使买单比较多也一定会有相当一部分买单作为挂单挂在下面，而现在下面并没有大的挂单，所以我们可以排除市场散单的可能。

如果这些大买单来自于主力，那么有三种可能性。

可能性①：主力建仓。

既然目前的价位是近几个月来的高位，那么主力建仓的可能性就没有了，即使要建仓也应该顺势将股价打压下去而不是逆势买进，所以排除可能性①。

可能性②：主力护盘。

护盘的目的是为了维持股价不下跌，因此吸引市场买单是重中之重。现在主力一路将上档的市场散单吃下来，但却不在下面挂一些大单，因此根本起不到吸引市场买单的作用，所以主力也不是护盘，排除可能性②。

可能性③：主力推升股价。

我们注意到当这些大买单一路扫单之后股价上升到 8.20 元。

请注意当时的一个重要的细节：在上档的挂单中都是零星的散单。

这一细节显示当时上档的市场挂单非常少，是一种非常理想的市场状态，如果主力要推升股价的话是绝对不可能放弃这样的机会的。可是我们却看到大买单消失了，零星的小抛盘将股价打回原形，所以我们也排除了可能性③。

在三种可能性都已经被否定的情况下主力的可能性就被排除了。

剩下的就只能是一次性大买单了。

一次性大买单的交易员最希望的就是能够在尽可能短的时间里完成指令单，所以一旦上档挂单较多，交易员就会快速地买进，不过在 8.20 元上方已经没有大的挂单，所以交易员就不再买进。

由于这些大买单将大卖单全部打掉，所以这张大买单还没有全部完成。粗略估计这些成交的大买单有 3000 手左右，所以这张一次性大买单还是比较大的。

我们知道，一次性单子的数量越大，其背后对于这家上市公司基本面的支撑就越强，所以本案例尽管没有发现主力的痕迹，但这张还没有完成的一次性大买单等于告诉我们该股的基本面值得关注。

案例 13　买③以下的大接单

图 4-13-1 的情况并不鲜见，它的特征就是上下挂单的严重失衡。

卖⑤	10.22	1134
卖④	10.21	1021
卖③	10.20	1310
卖②	10.19	1123
卖①	10.18	1033
买①	10.17	32
买②	10.16	63
买③	10.15	1189
买④	10.14	45
买⑤	10.13	19

图 4-13-1

初步计算可知，上面 5 档的挂单有 5620 手，而下档的挂单只有 1348 手，相差数倍。通常我们认为买卖挂单是基本平衡的，即所谓“挂单的对称性原理”，因为一旦某一方的挂单多了，同方向的静态挂单就不会再出来了。

比如买进的挂单已经很多，如果现在还有买单要进来，那么只有两种选择。一种是暂时放弃挂单，等待交易的进一步变化，这样这张买单就不会出现在市场上。还有一种选择是改静态挂单为动态挂单，就是以卖①甚至卖②的价格挂进去，这样至少能够部分成交，然后未成交的部分就作为静态买单挂在新的提高了的买①的价位上。

反过来也同样如此。

就以本案例为例，如果现在有卖单要出来的话通过静态挂单成交的可能性很小，即使是卖①的位置也同样有 1000 手以上的挂单，所以这张卖单要么暂时放弃，等待交易的进一步变化，要么就以买①或者买②的价格动态挂出去。如果挂单数量多的话，剩下的单子就会成为静态挂单，而报出的买①或者买②的价位就成为新的卖①价位。

所以这种上下明显失衡的态势是不合理的，换句话说这种挂单的出现是非自然现象。

现在更为有趣的是在买③的价位上横空出现了一笔 1189 手的大买单。

由于下档接单基本上都是小单，根据“小单真实性”的原则，我们相信上档的市场自然挂单也应该是小单，因此这些大卖单要么是一次性大单，要么是主力的。由于一次性大单没有必要通过这种手段出货，而且这样也根本出不了货，所以我们断定上面这些大的挂单都是主力干的。

我们要重点对付的应该是挂在买③上的这张 1189 手的大接单。

显然我们可以排除市场散单的可能，那就只剩下一次性大单和主力大单的可能性。

由于卖①有千手以上的挂单，因此买③上这笔挂单直接以卖①的价格报进去就可以立刻成交，任何一个交易员都希望自己多快好省地完成任务，所以即使有足够的耐性也至少应该把单子挂在买①的位置上。我们相信手持一次性大单的交易员决不会在乎买③到卖①的 3 分钱差价，所以这张 1189 手的挂单决不会来自某张一次性大单。

现在清楚了，这些大的买卖单子全部是主力挂的，那么接下来我们要想知道的就是主力这样做的目的是什么？

乍一看这种挂单情况给人的感觉就是抛压很大，股价根本就无法上涨，而且新的抛盘还会不断以更低的价位压出来，因为挂在上面根本无法成交。如此一来股价只有下跌一条路。至于那张买③的大接单也起不了什么作用，先不说它还排在第三位，即使排到了买①的位置也会被大抛盘砸掉的，而且正是因为在下档有这张大接单挂着反而会吸引大抛单砸出来。

股价要下跌，这是主力通过这些挂单的手法告诉市场的，不过这往往不是主力的真实意图。

现在我们分析主力的挂单，看看能够得到什么结论。

先看买单。

尽管买③的价位排在第三，但对于大卖单来说绝不会计较这两个价位，因此买③的大接单是有可能成交的，所以主力是准备好接下大单的。

主力还愿意接千手以上的大单表明两点：一点是主力的运作过程中远未到

收官阶段，另一点是外面浮动的大单较少。

结论①：主力不在乎再增加一些仓位。

再看卖单。

主力从卖①起就挂大卖单，所以是做好了被市场打掉的准备，换句话说主力希望市场能够接下一些筹码。这种情况表明主力有意在目前价位进行换手。

结论②：主力愿意把大单扔给市场。

我们分别从买卖两方面的挂单分析了主力的情况，不过还有一点也许遗漏了，现在要补上。

尽管上下都有主力的大挂单，但在数量上严重不平衡，这一点必须给出合理的解释。

在细节分析中我们很难对结论进行量化，实际上很多情况下也没有必要，但对于某些不同的结论应该进行一些量化方面的比较。本案例中的两个结论其实是可以进行比较的。

卖单挂得多表明主力更愿意减仓。再加上结论①和结论②表明主力正处于建仓完毕到出货之间的股价运作中，并且有可能已经进入最后阶段，不过还没有大量的主动性出货，否则的话市场上会有更多的浮动筹码，主力也就不敢在下面挂大接单了。

这个结论比起前面的结论要重要得多了。

案例 14　顺势而压的大单

当股价出现了一波明显的上涨行情之后我们应该关注一下该股的基本面有没有什么变化，或者说该股有没有具备市场近期的热点题材，再有就是大盘同期是否走强。如果这些结论都是否定的，那么这波行情一定是由盘中主力发动的，我们基本上可以认定该股至少有阶段性的主力资金在参与。

由于股价已经明显上涨，盘中主力资金是否会全身而退就成为关键因素。下面提到的一个交易细节对于我们会有所帮助。

某日大盘大幅下跌，大部分个股亦随之下跌，但我们在某个股中发现这样一个细节：

图 4-14-1 是原来的挂单情况，在大盘下跌之时出现了图 4-14-2 的变化，其间没有成交回报。

卖⑤	12.12	113
卖④	12.11	82
卖③	12.10	131
卖②	12.09	87
卖①	12.08	103
买①	12.07	103
买②	12.06	63
买③	12.05	118
买④	12.04	85
买⑤	12.03	49

图 4-14 - 1

卖⑤	12.12	113
卖④	12.11	82
卖③	12.10	131
卖②	12.09	87
卖①	12.08	1603
买①	12.07	103
买②	12.06	63
买③	12.05	118
买④	12.04	85
买⑤	12.03	49

图 4-14-2

两次挂单唯一的区别就是在卖①的价位上多出来 1500 手的卖出挂单。

由于现在挂在卖①价位的这张挂单有 1603 手之多，所以在大盘下跌的诱导下成交的可能性是很小的，我们有必要来解释这张大单的用意。

股价在市场趋势的推动下向下破位，一般情况下会出现短时的供求关系失衡，也就是说卖单会不断降低价格挂出，而接单也会不断降低价格往下挂。如果此时有大卖单要出手，那么有两种方法可以选择。

一种是直接以更低的价格动态挂出以谋取全部成交，数量级更大的卖单应该以低于当前价位一个百分点的价位抛出。比如本案例中可以以 11.95 元的价格卖出，而且即使这样还不一定能保证全部成交。不过由于价位较低起码是可以成交相当一部分的，然后余额挂在低价位上。因为价位突然低了很多(股价原来已经下跌)，市场卖单一下子还不能适应，所以不会抢着挂出来，但会吸引一些买单，这样大单最后是可以全部成交的。另一种方法是化整为零，将大单分为多张小单逐步抛出，这样耗时会多一些，不过无法保证全部成交。

无论选择哪一种方法，至少比现在这样要多成交一些。

现在这张大卖单采用了非常规的方法，既没有往下砸也没有化整为零，而是将单子挂在卖①价位上面，这就违背了挂单是为了卖出的基本常理，至少表明这张大单并不是非常想成交，所以我们可以认定这张单子属于非自然交易单子。

既然这张单子并不是真的想成交，那么它的出现就是做给市场看的，现在我们也看到了，接下来自然就有两个问题需要我们来回答。

问题①：这张单子希望市场知道什么？

问题②：这张单子不希望市场知道什么？

根据基本的交易规律，这张大卖单压在卖①价位上面，表明抛盘很重，对于市场卖方来说如果想要卖出的话起码要比这个卖①的价位低才有可能，而对于买方来说因为大盘处在下跌途中本来就不着急买进，因此这种大挂单的出现更增强了买方等待的信心，所以结果就是卖单增加而买单减少，股价继续下跌。

显然，这张单子挂出来的目的就是希望市场相信股价还要继续下跌。

这是问题①的答案。

现在再来看问题②。

既然市场的卖单都会往这张大单的下面去挂或者抛，那么这张大单其实是很难成交的，换句话说这张大单的真正目的并不是想成交，而是希望更多的市场抛盘出来而且是在更低的价位，因此这张大单的真正目的是希望市场在此或更低的价位进行换手。由此我们得出以下结论：

结论①：盘中主力并没有出逃的打算。

其实这张大单一定是主力的，这应该是不难得出的结论，因为市场散单和一次性大单都不会以这种方式出货。

主力资金出逃的重要一点就是千方百计阻止市场筹码的出逃而不是像现在这样把更多的市场筹码吓出来。

结论②：主力仍有足够的推升股价的实力。

如此压力之下股价一般会继续下跌，这应该是主力所能预期到的。如果主力资金已经弹尽粮绝，那么把股价故意压下来就只能是搬起石头砸自己的脚，因此主力一定还有足够的实力来推升股价。

根据以上两个结论，如果我们手中持有的是中线筹码，那么完全可以继续持有，这波下跌行情只是上升途中的一次调整而已。如果没有筹码，那么也可以乘这样的机会继续建仓，不过由于主力早已完成建仓，所以抄底的可能性已经没有了，而且这里也未必就是阶段性调整的底部，但不管怎么说，获利机会一定是有的，最多只是在时间上会有些滞后。

本案例的分析已经完成，如果我们继续观察的话就会有更多的收获，对于我们的操作会更有帮助。

比如在如此大单重压之下应该有更多的抛盘出来，但实际上却仍然没有多少抛盘出来，这就意味着在目前价位市场抛单确实已经很少，如此几次三番必将提升主力推升股价的信心，此时应该是很好的买点。

案例 15　瞬间跳水探秘

我们经常会在盘中看到一些个股瞬间出现跳水现象。如果要对这一现象进行全面细致的分析是非常复杂的，因为其中包含的因素很多，如个股本身的股价、基本面、主力的参与程度以及大盘的变化等等，会有很多种不同的条件和结果。

这里只讨论一种比较常见的跳水现象——假设指数盘中逐浪上涨。

指数的上涨说明一个最简单的道理，就是股价整体在上涨。但指数只是一个平均数，所以其中一定会有一些个股的涨幅小于同期指数的涨幅甚至会逆势小幅下跌。不过现在的情况是出现了瞬间的跳水，无疑这是一种非自然交易的结果。

不失一般性，我们可以假定这次跳水是从瞬间砸掉下档的大接单开始的，所以跳水是伴有较大的成交量的。

我们先分析买卖双方的情况。

先看买方。

指数上涨会吸引新的买单，不过对于绝大多数市场散单来说挂在下面的愿望要强于主动往上买的愿望，所以即使主动性买单不多但下档的挂单会增加，因此在跳水前下档有大接单是可以理解的，很可能是散单集中起来的。尽管在这些接单中我们也不能排除会有一些主力挂单的可能，但至少市场散单的数量也不会少。

在跳水之后下档的接单自然就悉数成交了，这一点要记住，很重要。

再看卖方。

指数上涨对于卖方来说就是提高卖出价，所以悄悄报出更高的卖出价是自然和合理的选择。也许会有一些意志坚定的卖单仍然会在当前的价位卖出但绝不会拼命降价往下砸，可是现在出现了几笔巨大的抛单将下档多个价位的接单悉数砸掉，显然是不合理的卖单。

分析结果显示：股价跳水是由非自然的卖单引起的。

对于这类大卖单我们很容易排除市场散单的可能性，这样只剩下两种可能，或者是主力大单或者是某张一次性大单。

在本案例中这两种类型的单子差异很大。

如果是主力的单子，那么只要主力愿意，理论上就会有源源不断的卖单出来。

如果只是一张一次性大单，那么抛完以后应该就没有了。尽管这种一次性大单有时候也会很大，通过这几笔是抛不完的，但这张大单因为卖的是跳水价所以很可能只是最后的一点仓位，砸的是单子中的最后一些筹码。

目前我们还无法辨别属于哪一种单子，不过通过继续观察后继成交量以及股价的走势就会知道得更多。

走势①：跳水后成交量恢复到原来的正常状态，股价又瞬间回到跳水前的价位甚至继续跟着指数上涨，同时下档买进的挂单很快出现。

显然，因为跳水使股价出现了低位的空档，所以市场买单应该会在更低的价位挂单。而现在却在跳水前的相对高位出现了接单，这并不合理，只有主力操盘手才会这样干，这是一种计较股价的表现，而一次性大单只会单向卖出，不会在当天反向买进。

股价瞬间归位属于护盘的行为。

结论：跳水是主力运作的结果，大卖单是主力所为，目的只是为了减掉一些仓位但仍然在运作股价。

走势②：跳水后成交量依然不小，股价略有回升甚至继续下跌。

由于指数在上涨，所以突然大幅度下跌的股价会吸引市场的接单，下档出现更多的接单是符合预期的。但市场卖单一时还难以接受跳水后的价位，所以仍然会挂在原来的卖出价位上面。这样的交易状态应该是短时间内成交稀少，现在既然成交活跃而且在跳水后的低位，那么其中的卖单就不是市场的自然单子。

由于指数上涨，一次性大单没有必要这么压低价格连续卖出，所以只能说是主力在继续卖出。

随着指数的一段小上升波段结束，市场上的卖单肯定会增加，跳水后的价位也会随着时间的推移逐渐被卖方接受，所以股价回升到跳水前的价位将会越来越困难。主力操盘手很清楚这一点，因此在跳水后趁低位有买单时继续尽可能地卖出。

结论：主力进入大量出货阶段。

走势③：跳水后成交量恢复原状，股价在低点随指数起伏。

如果是主力将股价砸了下来以后又放任自流显然是说不通的。

结论：跳水只是某张大单子所为。

案例 16　大抛盘与大接单

有时候我们会在交易中看到以下的交易细节：

图 4-16-1 的挂单特点是：卖出挂单全部为 2 位数，在低挡（比如买③、买④和买⑤）的价位上出现了 4 位数的大接单，同时在买①和买②的价位上是

3 位数的较大接单。

卖⑤	8.75	54
卖④	8.74	34
卖③	8.73	13
卖②	8.72	27
卖①	8.71	43
买①	8.70	253
买②	8.69	393
买③	8.68	1108
买④	8.67	1335
买⑤	8.66	1291

图 4-16-1

一看到这种挂单就会有一种强烈的感觉，这股价是怎么样也跌不下去的。

然而出乎意料的是连续出现了两笔大单将下档的接单砸掉，挂单演变为图 4-16-2。

卖⑤	8.75	54
卖④	8.74	34
卖③	8.73	13
卖②	8.72	27
卖①	8.71	43
买①	8.68	150
买②	8.67	1335
买③	8.66	1291
买④	8.65	34
买⑤	8.64	12

图 4-16-2

看来是遇到了大抛盘，股价有可能遭遇跳水。不过在8.68元的价位上马上又出现了4位数的接单，而在此价位的前面也很快堆积起了新的接单，一切似乎又回到大抛盘出现以前的情景，图4-16-3与图4-16-1在本质上来说是没有差别的。

卖⑤	8.75	54
卖④	8.74	34
卖③	8.73	13
卖②	8.72	27
卖①	8.71	43
买①	8.70	212
买②	8.69	192
买③	8.68	1050
买④	8.67	1335
买⑤	8.66	1291

图4-16-3

接着又重复了前面的一幕，如此反复，说明什么？

我们对其中的一些细节要特别注意，包括但不全部是：

细节①：上档卖出的挂单很小。

细节②：先有低档的大接单。

细节③：大抛盘只有1～2笔。

细节④：此类现象多次出现。

根据“小单的真实性”的原则以及细节①，我们得知市场的交易是比较清淡的，市场挂在买进价上的接单应该是小单，所以下挡的大接单中有很多是非自然的挂单。

对于这些大单我们可以排除市场散单和一次性大单两种可能而认定是主力的挂单(分析过程省略)。

根据细节②，主力首先将特别大的单子接在低档，目的是吸引市场买单挂在前面，表明主力的大接单并不想真正成交。

根据细节③和细节④以及市场交易清淡的特征，这1～2笔大抛盘应该是非自然交易的单子。来源有两种，一种是某张一次性大单在出货，一种就是主力自己的单子。

如果大抛盘来自于某张一次性大单子，那么主力最多接1～2次，决不会多次在下面挂接单。

通常当主力发现有大单子要出逃时会避让一下，不会主动接下来的，一般会让市场自己去消化，即使股价被砸下来也不会在意。

如果一次性大单与主力有约也不会通过这样的方式进行交易。

所以结论就是主力自己在抛。

主力通过在买③及以下的价位挂出大接单以吸引市场买单挂在前面即买①或买②的价位，同时因为市场买单不会很多，所以主力也会在大接单前面的价位上挂一些不太大的单子以显示市场接单的踊跃。当市场的接单达到一定的数量以后(主力很清楚其中到底有多少是市场挂的接单)用一二笔大单子迅速砸掉，然后又挂进大接单重新开始。

主力就是要告诉市场：下档接单很多，要买进就必须挂在前面。

然而这并不是主力的真实意图，主力的目的在于减仓，这是主力不想告诉市场的真实意图。

主力通过诱导市场接单进场，然后减掉部分仓位，这样做的真正目的有三种可能性：

可能性①：主力通过这种方式进行堆量。

为了吸引市场的买单主力有时候会采用堆量的手段，不过堆量的根本目的是为了推升股价，所以堆量的过程一般股价都是上涨的，这与本案例股价原地踏步的走势相违，所以我们排除可能性①。

可能性②：主力将筹码倒给锁仓盘。

这种可能性从理论上来说是不能排除的，但实际上类似的倒仓是不会采用这种做法的。

如果倒仓是主力与接盘者约定的，那么完全没有必要花这么多的精力，只要一两笔大单交易就可以了，这么做尽管也没有什么坏处，但至少看不到什么好处。

如果倒仓的对象是老鼠仓，那么更不能如此大胆了，一般也就是希望尽快完成交易。

所以从实际出发我们可以排除这种可能性②。

可能性③：主力减仓。

这应该就是答案。

案例 17　大压单小接单

某股在股价上涨了一段时间以后在某日交易中出现了图 4-17-1 的挂单形式。

卖⑤	12.10	312
卖④	12.09	124
卖③	12.08	213
卖②	12.07	189
卖①	12.06	231
买①	12.05	35
买②	12.04	21
买③	12.03	13
买④	12.02	45
买⑤	12.01	37

图 4-17-1

这种挂单的特点很明显，就是上档的卖出挂单比下档的买进挂单大了一个数量级，卖单都是 3 位数的而买单都是 2 位数的。我们可以把这种现象形象地称为“大压单小接单”。

根据“小单真实性”的原则，我们更愿意相信挂在下档的接单是市场的自然挂单，尽管也不能排除其中有一些主力挂单的可能，但至少有一点是可以肯定的，上面这些更大的挂单中的绝大部分是非自然的市场挂单。

那么这些大卖单来自哪里呢？

根据挂单的对称性原理，既然下档的挂单全部都是 2 位数，那么上档的挂单也起码应该大部分为 2 位数，所以我们可以排除上面的挂单来自市场散单的可能性。

同样这些挂单也不会来自某张一次性大单，没有一个一次性大单的交易者会这样操作，因为这样的挂单注定是成交不了的。

剩下的可能性就是主力，实际上就是主力操盘手在上面挂的卖单，至于为什么要这么做就只能靠我们自己来分析了。

对于市场来说，如此态势的挂单就是意味着卖压很大，股价要下跌，它不但能把买单吓跑更会吸引卖家出手，这是一种很正常的市场心态，主力操盘手当然知道，所以主力这样做的可能性的只有一个：

希望市场抛盘出来。

这就是主力通过这样的挂单告诉市场的结论。

不过当我们已经知道这些大挂单来自主力的时候，这个结论就要打个问号了。

既然卖压这么重，那么市场散单就会大力抛出从而将股价打压下去。主力居然希望市场自己将股价打压下去，这不是一个合理的思路。

主力的特点就是拥有大量的筹码，所以要将股价打压下去很容易，只要把筹码扔出来就可以了，而且现在下档也没有什么接盘，随便抛出一些筹码就可以达到目的，为什么还一定要市场自己来砸呢？

只有一种可能就是主力希望买到筹码。

在本例开始我们就提到过，股价已经上涨了一段时间，换句话说现在主力肯定不在建仓区而是在股价的推升周期。

主力既然不想建仓，但又希望市场将股价打压下来，这其中的矛盾只有一种解释：

市场上根本就没有大的抛盘！

对于流通盘的情况主力经过一段时间的运作是比较了解的，很多情况下主力不但自己锁仓还动员不少大资金跟着锁仓，所以真正在外的市场短线大单已经很少，对此主力心知肚明，以目前的态势股价根本就砸不下来。

不过短线筹码总是有的，在这种态势下市场的短线筹码会被吓出来，这才是主力操盘手的真正用意，而这些短线筹码的抛出对股价的影响不会很大。

赶走短线筹码，这才是主力的真正目的。

这种手法也可以称为“洗盘”。

不过操盘手只是希望一些短线筹码离场，所以以这种方式进行洗盘的时间也不会很长，很可能在一个交易日内就会完成。

对于“大压单小接单”的盘面，我们可以同时观察大盘。如果盘中大盘的回调没有影响到股价的横盘走势，那么当天股价就有可能被主力推升，而且推升的力度不会很小，如果K线形态配合的话可能还会形成向上突破的态势，由于上档压单较大我们要参与的话可以在瞬间买到相对多的筹码。

这种形态最大的风险在于大盘。

如果大盘当天盘中出现明显的下跌甚至跳水，那么股价还是有可能跳水的。原因有两个：一是市场抛盘之多出乎主力预料，二是主力对大盘的走势预期改变了。

要参与类似的短线机会一定要对大盘当天及下一个交易日的走势有一个良好的把握。

案例18　零星大单成交

盘中经常会出现大单成交，我们很容易就把这些单子认作是主力的单子，特别是当这些大单是买单的时候。

由于主力处在建仓期的可能性不是很大，所以我们会认为是主力在护盘或者即将要推升股价。

其实市场本身也会产生许多大单子，因此对于任何一张大单子的出现都不能简单地把它认定为主力的单子，更何况有许多个股本身并不一定有主力。

没有明确的方法可以用来鉴别某张大单属于市场还是主力，但我们能根据交易时的一些细节进行研判，比如以下案例。

某股当天成交清淡，近期日均成交仅几十万股，盘中挂单基本以2位数为主，图4-18-1是当天某交易时刻的挂单情况。

接着挂单变成图4-18-2，现在卖①上面又增加了500手挂单，使得卖①上的挂单达到了523手，这是一笔相对于该股来说很明显的大单。接着在卖①的13.96元价位上出现了两笔成交，分别是180手和340手，然后卖①13.96元价位上的挂单只剩下3手。

卖⑤	14.01	31
卖④	14.00	92
卖③	13.98	23
卖②	13.97	89
卖①	13.96	23
买①	13.95	21
买②	13.94	88
买③	13.92	32
买④	13.90	154
买⑤	13.88	36

图 4-18-1

卖⑤	14.01	31
卖④	14.00	92
卖③	13.98	23
卖②	13.97	89
卖①	13.96	523
买①	13.95	21
买②	13.94	88
买③	13.92	32
买④	13.90	154
买⑤	13.88	36

图 4-18-2

对于这几笔交易我们该如何研判？

一张500手的卖单对于该股的交易现状来说确实是一张大单，但目前我们找不到根据来说明这张大单来自哪里。

再看买单，两笔买单也可算大单，但也没有明显的迹象可以说明来自哪里。

通常情况下我们会很自然地把这几笔交易看成是主力在进行交易，那是因为我们曾经听说过或看到过主力为了吸引市场的注意力而进行的一些堆量交易。

这两笔交易确实有可能是主力在做，我们也无法排除这种可能性，但这仍然只是众多可能性中的一种。

我们知道，主力堆量的目的在于吸引市场的注意力，不过在成交清淡的时段仅仅通过几笔简单的大单交易是不会马上就起到吸引市场眼球的效果的，更不要说吸引到市场的跟风盘了。

最能吸引市场的还是股价的上涨，特别是放量上涨，所以要让市场参与进来最主要的方法就是让股价放量上涨。如果这几笔交易确实是主力所为的话，那么接下来主力一定会继续在堆量的同时推升股价，所以研判的关键在于后面的股价变化。

如果接下来成交恢复平静，股价波动不大，那么可以认定这几笔大单是市场所为，否则就很难解释主力做前面几单交易的用意了。

如果在买①的大压单被打掉之后股价上冲并伴有新的大单挂出，毫无疑问，前面的大单是主力干的。

结论：研判前面几张大单是否是主力所为的关键在于后面股价是否带量上涨。

对于这一交易细节的研判来说，当我们确认是主力的大单时股价已经上涨，似乎放弃了一次短线的机会。不过这种股价的推升只是短暂的，如果主力确实有启动一波行情的打算也不会将股价一路直接推高，中间还会有回调。毕竟仅仅依靠这一细节我们还难以把握主力真正的意图，主力有时只不过是为了维护股价而作一下脉冲的形态。

就本案例来说，要揣摩出主力的真正意图，还需要借助更多的细节分析结果。

案例 19 拥堵的大接单

某股流通盘 1 亿左右，每天的成交不到 200 万股，3 位数的挂单通常只是偶尔出现。不过在某时突然出现了多笔数百手甚至千手的大接单，图 4-19-1～图 4-19-2 的挂单变化显示了这一过程。

卖⑤	10.54	23
卖④	10.53	45
卖③	10.52	34
卖②	10.51	26
卖①	10.50	36
买①	10.49	56
买②	10.48	19
买③	10.47	26
买④	10.46	43
买⑤	10.45	112

图 4-19-1

卖⑤	10.54	23
卖④	10.53	45
卖③	10.52	34
卖②	10.51	26
卖①	10.50	36
买①	10.49	536
买②	10.48	433
买③	10.47	1243
买④	10.46	421
买⑤	10.45	823

图 4-19-2

在图 4-19-2 中，这些疯狂的大接单将下档接单的位置全部占满，似乎已经造成买盘拥堵的状态。

由于买进挂单的突然大量增加，给市场的信号就是股价不会下跌。对于一些习惯做短线的交易者来说可能会将此解读为主力即将推升股价的前兆，接下来会爆发出一波巨大的成交量，股价则同步大涨。

然而实际上这种结果很可能不会出现，不仅是成交量没有放出，股价的上涨幅度也不大，更绝的是过了一段时间之后下面的大接单会突然消失得无影无踪。

现在我们来分析这一交易细节。

由于这些大接单是突然集体出现的，所以我们可以排除市场散单的可能性，而且也可以排除是某张一次性大买单在分单挂出，这样的操作是不可理喻的，没有一个一次性大单的交易员会这样做。

我们认同大多数市场短线交易者所认定的：这些大接单来自主力，这是一个比较明显的非自然交易细节。

那么主力的意图是什么？这是我们要回答的。

由于成交清淡，所以如此多的接单成交的可能性几乎没有(如果只是一张大接单挂在买①或者买②的位置那么还是有可能成交的)，因此这种单子的目的不是为了成交。

对于正常的市场交易来说，挂出来的单子就是为了成交的，即使有些单子后来撤消了，那是因为交易者改主意了，不过原来挂出来的时候确实是希望成交的。

我们必须知道，把单子挂出来的目的有两种：一种就是进行交易，还有一种我们可能还没有意识到，那就是给市场看的。对于市场交易者来说挂单很重要，特别是短线交易者非常倚重挂单的变化，很多买卖决策都与挂单密切相关，因此有些挂单就是被挂出来让市场看的，它的主要目的并不是交易。

这种主要不是用来交易的挂单多数是主力操盘手干的，有时候某张一次性大单的交易者在操作的过程中也会采用一些类似的手法，不过并不常见，一般来说如果我们看到一些单子挂出来是给市场看的，那么多数情况下这些单子是主力操盘手挂上去的。

本案例中的这批大接单就是挂出来给市场看的，所以是主力操盘手干的。

由于下档的买单远远多于上档的卖单，所以直接的信息就是传达给市场“要买进的资金很多”、“股价是不可能下跌的”。这种信号传递出来以后对市场的买卖双方都会产生影响。

对于买家来说原来还在等待股价继续下跌以便逢低买进的，现在一看到这种局面马上会意识到股价是跌下不去了，而且很有可能要上涨，于是将心里预期价位提高到目前的价位并及时出手买进。

对于卖家来说同样会提高心理价位的预期，或者将卖出的价位提高，或者干脆暂时不再考虑卖出。

除了原来就有准备的买家和卖家以外，市场上还有一批短线的投机资金，只要预感到股价短期要上涨就会冲进来抢一把。

主力操盘手的目的很明确，就是要吸引买家进场，采用的手法就是在下面挂出大量的买单。

这就是主力通过市场交易中的挂单方式告诉我们的意思，不过其真正的意图还需要我们作进一步的分析。

尽管这些大接单似乎不会全部成交，但理论上的可能性还是存在的，因为市场上有可能存在超级大卖单。不过主力也一定考虑过这个问题，毕竟市场上的卖家往往比买家更加关注股价的波动，即使在成交非常清淡的时候关注股价的筹码肯定是多于关注股价的资金的。

现在主力操盘手既然已经把这些大接单挂出来了，那么就有两种可能，一种是如果有大抛盘砸出来主力不怕接下来，另一种是市场上已经很少有大抛盘了。这至少说明主力还有一定的资金实力，了解这一点很重要，如果我们养成习惯的话可以在笔记本上记上一笔，日后或许会很有用。

因为目前成交量相当清淡，而且挂出大量接单之后会吸引一些市场买单，所以我们可以排除主力准备大量建仓的可能性。如果确实想建仓的话做法应该是相反的，操盘手会将一些稍大的卖单挂在上面以吸引卖家抛出。

这样我们就得到以下结论：

结论①：主力的意图是为了吸引市场的买单。

结论②：主力还有接筹码的能力。

结论③：主力不准备大量建仓。

现在我们接着分析挂单出来以后没有放量的细节。

由于市场的共识是股价放量才会上涨，因此主力在推升股价时多半会采用堆量的方法。不过堆量尽管会起到吸引市场买单的作用，但主力也同样会增加仓位，因为挂出的大买单也会引出一些大卖单。

现在股价尽管上涨了一些，但其中并没有出现大的买单(原来的大接单价位已经偏低了），因此大卖单也不一定会出来，这样即使市场没有什么跟单进来，但上面挂的卖单本身也不大，主力拿下来也不算很多。

如此小心翼翼的操作表明主力并不打算在目前的时段和价位增加很多的仓位，现在通过在下面挂上大量接单，然后少量小幅推升股价的目的仍然是做给市场看的。

由于下档的大接单没有在推升股价的过程中提高价位，因此对于市场买家的影响并不大，所以市场买单不会因此而提价报单。但对于卖家来说由于股价上涨(不管什么原因导致的)，心里总会有一些踏实感，所以也就不会急于抛出，主力操盘手经过这样一番苦心操作之后对于市场卖家的影响会更大一些。

操盘手这样操作也是一种护盘的方法，可以起到尽量延缓股价下跌的速度和幅度。

由于主力还有能力增加仓位，在目前的价位也愿意护盘，那么我们可以相信，一旦大盘出现转机，主力推升股价的可能性是比较大的。

案例 20　平静下的暗流涌动

图 4-20-1 是恒星科技(002132)2009 年 2 月 6 日的实时走势图。

该股流通盘不到 9000 万，日常交投比较清淡，当天也一样。不过从上午 11 点起股价开始脱离大盘的波动而维持一种波动极小的横向整理，上下范围只有区区 4 分钱。与此同时成交量却开始急剧增加，半小时成交 123 万股，而此前同样的时段成交不会超过 50 万股。

挂单显示上档压盘很重，下档的买单并不多，不过在买①或者买②的价位上却不断出现大接单。结合挂单的变化以及成交回报我们发现，巨大的成交量基本上是由主动性抛盘形成的。

现在我们来分析这一细节。

由于之前成交清单，而且当时大盘并无明显的飙升或跳水的走势，所以突然大量增加的挂单和成交属于非自然交易现象。

由于增加的都是大单，所以我们排除市场散单参与的可能性，要么是主力所为，要么是一次性大单所为，或者是两者都有参与。

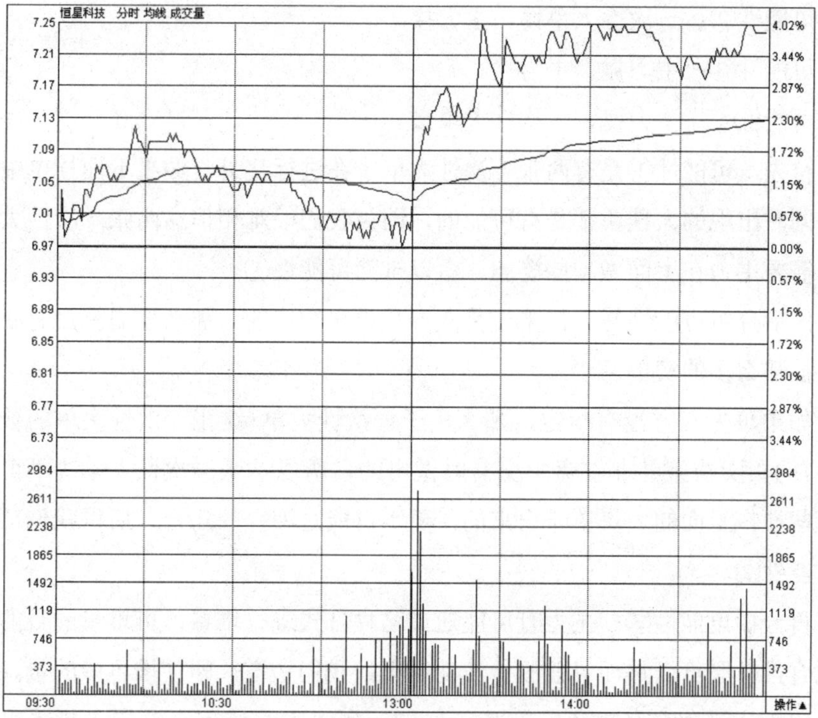

图 4-20-1

就卖方而言似乎可以分成两部分，一部分是挂在上面的大卖单，而另一部分是动态出来的大抛单。

上档挂着的大卖单用意很明显，就是希望市场卖单抛出来，而且是以更低的价格抛出来，而动态的大抛单确实在不断砸出来，似乎是应验了市场规律。

就买方来说，关键是在买①或者买②的价位上不断出现的大接单。

一般来说，由于上档有那么多的挂单压着，而且还有不少大抛单在砸出来，大接单完全可以挂在更低的价位上，但实际情况并不这样。

更值得关注的是，在这些价位上还在源源不断地出现大的接单，尽管股价的波动范围很小，但以卖方的态势似乎一定要股价下一个台阶。

上档挂着的大卖单可以认定是主力所挂，因为一次性大单是不会这样操作的，那么动态的大抛盘和下档连绵不断的大接单又是来自哪里呢？

只有以下有四种可能性：

可能性①：一次性大单抛，一次性大单接。

可能性②：一次性大单抛，主力接。

可能性③：主力抛，主力接。

可能性④：主力抛，一次性大单接。

首先，可能性①是有两张一次性大单子在进行交易。如果上面挂单中没有这些同时出现的大挂单那是有可能的，因为我们很难相信这两张一次性大单的交易需要主力在上面做一些姿态，所以排除可能性①。

然后分析可能性②。如果交易双方是事先约定的，那么主力就没有必要在上面挂那么多的卖单。

如果事先双方没有约定，那么由于一次性大单(这张一次性大单的数量非常多)的买卖决策并非在盘中交易时做出的，所以这张一次性大单决不可能是被那些挂在上面的大卖单吓出来的，更不可能是纯粹的巧合，所以我们可以排除可能性②。

再分析可能性③。主力有可能通过这种方式进行堆量，可堆量的目的是为了配合推升股价，然而目前股价波动很小。我们知道，即使堆再多的量，只要股价没有上涨对市场就不会有任何影响，所以主力绝不会这样去傻乎乎地堆量，我们排除可能性③。

现在就剩下可能性④，主力将筹码倒给一次性大单。

由于股价的波动区域很小所以我们确认主力和一次性大单的交易者是有约定的。

表面看这是一个堆量的过程，不过由于股价变动不大，所以不会引起市场的注意，与通常通过堆量配合推升股价来吸引市场的目的是不一样的，或者说正是由于股价的平静，反而告诉我们交易的双方并不希望这一交易过程被市场关注。

主力将大笔筹码转手他人有以下两种可能性：

可能性①：资金储备过少，不足以推升股价，通过将部分筹码转手他人进行锁仓从而获得足够的资金储备。

可能性②：在推升股价前将部分筹码让给他人以保证他人获利。

本案例中主力在上面挂出了大卖单，说明主力不怕市场抛盘，或者说主力并不在乎自己一定要给对方多少筹码，关键在于对方一定要拿到多少筹码。这一个细节同时说明主力的资金有足够的储备，因此我们可以排除可能性①，剩下的就是可能性②。

由于被接下来的这些筹码是一定要保证获利的，所以这种一次性大接单也可以属于广义的“老鼠仓”范畴，是在股价要被推升前临时从主力那里买来的。

既然出现了“老鼠仓”，而且是在极短的时间里换的手，那么主力推升股价的时点应该就在眼前。因为“老鼠仓”是见不得人的，很多都是私人秘密建立的，所以主力操盘手很难对上司解释当天出现的这大量换手现象，通常情况下主力操盘手当天就会推升股价。

这是一个比较少见的具有明确结论的细节分析案例，由于结论明确所以我们可以迅速制定操作策略。

立刻在股价小幅波动期间挂单买进，等待股价上涨。

我们从图上已经看到了，从下午一开盘股价就被快速上推，当天上涨 4 个百分点，并且第二天以涨停报收。

案例 21 量增价不动

图 4-21-1 是界龙实业(600836)2009 年 5 月 15 日的实时走势图。

该股除去大股东的筹码后流通盘在 2 亿多一点，当时股价处于一轮行情的高位。

当天该股以万余手成交高开并瞬间冲高创出当时行情的新高，经过两分钟的回落股价回到 15.40 元的红盘。从 9 点 32 分到 10 点 40 分的长达一个小时又 8 分钟的时间里股价的波动是上下一分钱，不是 15.40 元就是 15.39 元，同时成交量高达 247300 手。

值得关注是其间的挂单变化。

在这横盘的一个多小时里，下面 5 档的接单始终是 4 位数的超大单（对于 2 亿左右的盘子来说 4 位数的挂单属于超大单），而在上面 5 档的挂单中却只有第一卖出价位即 15.40 元是 4 位数的超大单。交易中动态单子以大买单居多，不过上面的大卖单却持续不断地在 15.40 元的卖①价位上挂出，有时甚至高达 5000 手这样的巨量挂单。

股价几乎走成了一条直线，成交却异常放大，很明显这是一个非自然交易的细节，它告诉我们什么呢？

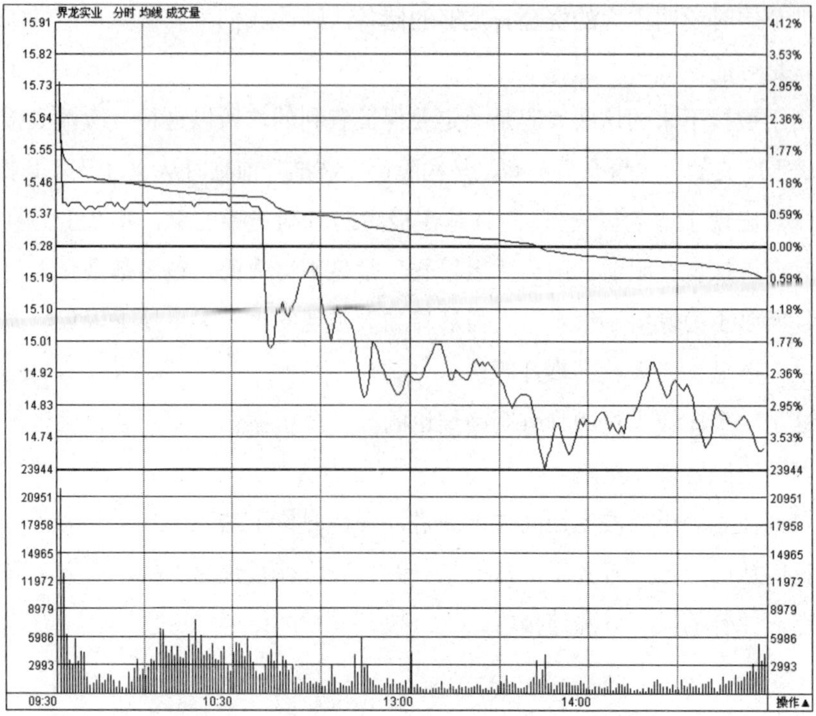

图 4-21-1

很显然我们可以排除这些大单来自市场散单的可能。

也可以排除定向换筹的可能性，因为定向换筹不需要这么长的交易时间，而且也不会有这么多的筹码需要交换。

至少其中是有主力在运作的，这一点也可以得到肯定。

现在我们就是想知道主力的目的。

我们一直说主力做局是有两个目的，一个目的是要告诉市场股价将要发生的变化，就是通过一些交易手段告诉市场股价的趋势以便引导市场的投资行为，另一个则是真正的目的，是一种表面上难以被市场所感知的目的，这个目的才是做局方的真正意图。

我们首先要了解主力告知市场什么，只有这样才能挖掘它的真正目的。

在这一交易细节中关注的重点是上下大挂单的差异，也就是上档只有卖①的价位是大单而下档五个价位的挂单都是大单。

这一挂单态势的意思很明了，就是告诉市场股价是不可能跌下来的，而且马上就有可能上涨，因为上面卖①的压单一旦被打掉股价就会上冲，而下面层层叠叠的大接单是很难被砸掉的。

这种信息对于一些有能力一枪就把上面的大单子打掉的交易者来说是很容易产生买进冲动的。显然，主力就是告诉市场股价要涨了，有钱的赶紧把上档卖①的挂单打掉吧。

可结果呢？

巨大的成交量中确实也有很大一部分是对准卖①去的主动性大买单，或许是市场的大买单，或许不是，但这并不重要，有些细节在分析中是无关紧要的，关键在于我们要发现另一个不寻常的细节，那就是卖①价位上的大单仍然不断地在挂出来。

当市场都以为这种挂单的趋势是股价上涨但却不断有大单挂出来的时候，我们就能够联想到主力做局的真正目的了。

既然上档卖①的大压单一旦被打掉股价就会上涨，因此市场上的抛盘就不会急于出来，至少会选择再等一等，也就是说上档卖①价位不断挂出来的大单应该是非自然交易挂单。

这些挂单不会来自市场散单，也不会来自一次性大单，当时巨大的成交量已经不可能是某张一次性大单了，所以只可能来自主力。

在做出样子吸引市场买单进场的同时主力却在不断挂出卖单，目的很明显，就是为了卖出筹码，这就是主力不愿意告诉市场的真正目的。

主力卖出筹码有两种可能。一种可能是阶段性减仓，这是在股价推升的过程中所必需的，如果是这种可能，那么经过一段时间调整以后主力还会继续上推股价。还有一种可能是出货，就是全身而退，以后不会再推升股价。

两种不同的可能性对于股价的影响是完全不一样的，所以我们需要进一步研判这次主力的卖出行为是属于哪一种可能性。

在这里我们要关注到另一个很重要的交易细节，那就是成交量。

仅仅一个小时成交量就飙升到近 250000 手。考虑到股价走成一直线而几乎没有变化，所以通过这种方式进行堆量毫无市场意义，只有一个原因，那就是市场上有不少买家进场，导致主力不断地减仓。

这样巨大的成交量已经与阶段性减仓没有关系了，所以这是一次主力主导的出货行情。

10 点 40 分开始挂单相对恢复正常，股价震荡回落，当天收盘 14.70 元，跌幅超过 3.5 个百分点，成交 4937 万股，而大盘当天小幅上涨。

案例 22　疑似老鼠仓

图 4-22-1 是恒星科技(002132)2010 年 3 月 16 日的分时走势图。

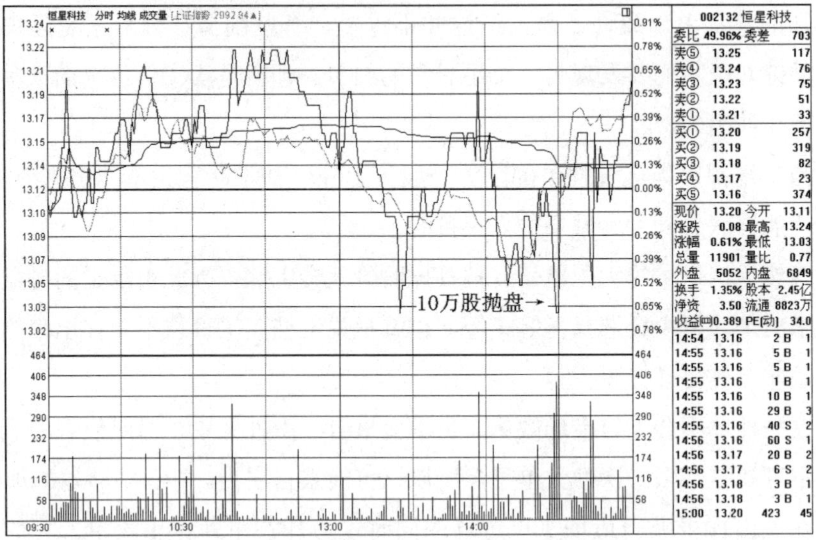

图 4-22-1

引起我们关注的是在收盘前半小时的 14 时 27 分到 14 时 30 分的 3 分钟内出现的共计 10 万股左右的连续大抛盘。其实抛盘的绝对数并不大，最大的也不过 300 手，但对于全天仅 119 万股的成交量来说不可谓不大，而且在当时大盘上涨的态势下这些大单将股价从 13.12 元的平盘位置直接砸到 13.03 元的当天最低价。

同样在 14 点 45 分的时候也出现了连续几笔较大的抛单，合计在 300 手左右，由于下档接单不多，所以股价被砸倒 13.05 元。

由于是相对的大单子，所以我们可以排除市场散单瞬间集体抛出的可能，这样就剩下两种可能性，或者是主力的单子或者是一次性大单。

考虑到当时市场走好的氛围，一次性大单不过 10 万左右的筹码并没有必要用砸的形式，所以我们可以排除一次性大单的可能。

这些砸出来的大单就是主力的。

现在的问题是主力在干什么？

可能性①：主力喂老鼠仓。

可能性②：主力护盘。

可能性③：主力减仓。

由于抛单的绝对数不是很大，而且又是逆向砸出，价位被打下近 1 个百分点，因此市场上的挂单是完全能够承接下来的，即使底下有老鼠仓挂着数量也不会多，而且股价相差得也不多，更重要的是所谓的老鼠仓一般都不会很小，尽管没有一次性大单那么大，但也绝对不会只有几百手，所以我们排除可能性①。

如果我们对细节分析不是很了解的话，可能一看到这个细节就会认定是主力将筹码倒给了老鼠仓，但这次绝对是错的。

可能性②的说法似乎难以接受，因为是主力在抛出筹码，所以不可能是护盘。不过护盘的概念是维护股价相对于大盘的走势，前提是主力尽可能少增加仓位，最好是不增加仓位，而且护盘的重点是收盘价，目前已经接近收盘，因此主力要护盘的话应该是要做准备了。由于最后的护盘过程会增加仓位所以操盘手可能会在之前先减掉一些仓位，这样就可以达到少增仓甚至不增仓的目的。

所以可能性②无法排除。

不过在最后我们并没有看到主力明显的护盘动作，而且当时的市场比较强，主力即使准备推高收盘价也用不着一定要先扔掉 10 多万股，因此可能性③的嫌疑还是不小。

从当天的走势我们无法区分到底是可能性②还是可能性③。

股票市场分析是没有一定规律的，我们所需要的就是开拓思路。

如果我们是一个看盘非常仔细地人，那么我们一定会连续看盘，而且就算记性差一些，也一定还记得该股前一个交易日的走势，实在不行就回到前面去看一下。

怎么会想到要去看前一个交易日的分时图呢？

因为操盘手的运作是连续的，所以我们的思路也需要连续。

图 4-22-2 是该股前一个交易日的分时走势图，请特别注意尾市 10 分钟的交易。

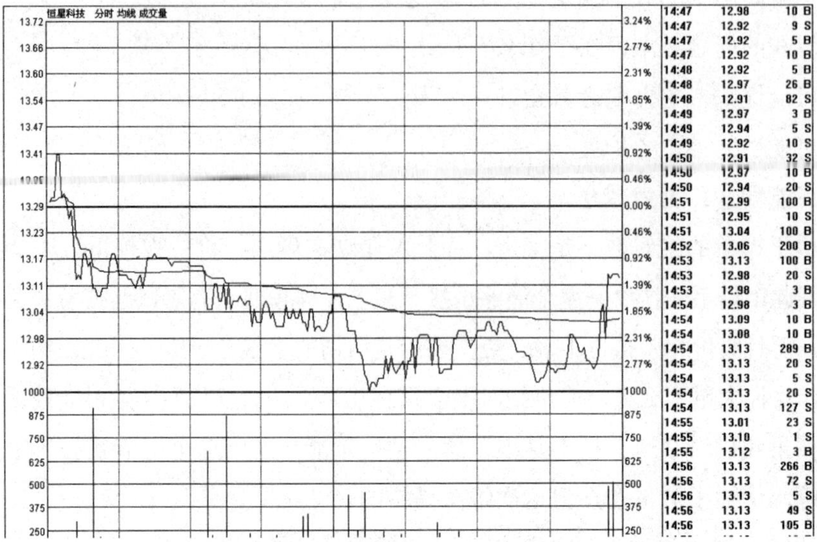

图 4-22-2

在最后的 10 分钟股价明显上涨，而且出现了连续的大笔买单(绝对数不能算大但相对来说还算是大单)，在右面的成交回报中我们可以看到了一共有 8 笔百手以上的大买单，共计 13 万股左右。

前面的分析中我们知道两次抛盘的数量正好也是 13 万股左右。

怎么来解释这个现象？应该是比较简单的，投资朋友不妨自己先考虑一下。

前一个交易日主力操盘手为了做收盘价增加了 13 万股的仓位，今天在尾盘把这些仓位出掉了。

最终我们可以排除可能性③，主力的目的就是护盘。

案例 23　诡异的成交量

图 4-23-1 是海利得(002206)2008 年 4 月 23 日的分时走势图。

当时的背景是这样的：该股于当年 1 月 23 日上市，流通盘 2560 万股，三个月之后即 4 月 23 日，该股 IPO 时网下申购的 640 万股解禁并上市流通，而股价已经从上市时的 35 元左右一路下跌到 16 元左右。

图 4-23-1

现在让我们回到当时的分时行情中。

当天低开后股价迅速被砸到跌停的价位 14.85 元，尽管后来股价逐步回升但在跌幅 7 个百分点附近上升乏力，股价进入横盘。

值得注意的是当交易进行了半个小时之后成交量就已经达到了 200 万股，而该股近期的日成交量只有 50 万股左右，换句话说当天半个小时的成交量就已经相当于前几天一天交易量的 4 倍左右。

现在我们来分析当时交易的买卖双方。

由于有 640 万股的新股上市，而发行价是 14.69 元，因此对于持有这部分筹码的交易者来说有一种很强烈即将要被套的恐惧感，因此只求不要割肉的心态会占上风，所以大量抛是合理的，对于卖方我们觉得很正常。

那么买方呢？

尽管已经有了那么大的成交量，但对于 640 万股的解禁股来说还只是一小部分，所以买方不会着急，会继续等待，应该会有更低的价格出现，即使这640万股都不愿意割肉，那么也需要一段时间来进行市场消化，至少现在股价还不会涨。

在这样的心态驱使下买家应该是退缩的，即使想买也应该挂在接近发行价的位置而不是现在的下跌7个百分点的位置，更不会在半小时内出现了超过近期全天交易量4倍的买单。

很显然买方不是市场散单，这一点可以肯定。

由于日常交易相当清淡，所以即使有某张一次性大单其数量也不会有这么多。一次性大单的数量与成交的活跃性密切相关，过于清淡的成交量不会吸引数量巨大的一次性大单，所以我们排除一次性大单的可能。

其中一定是主力在运作。由于卖方相当于新股上市，所以主力充当了市场买方的角色。

主力这样做告诉市场什么？

什么也没有说，主力只是在那里默默地买进筹码。主力并不希望市场知道什么，主力甚至还有可能希望市场有更多的单子抛出来，至少那640万股的新股最好多抛一些出来。

有时候主力在运作的时候并不希望市场知道什么，或者说主力有时候也希望市场最好没有意识到主力的存在，这种情况下有一种可能性是非常大的，那就是主力在建仓。

主力如此大量地吸纳筹码就是建仓。

不过这200万股对于主力来说并不算很多，因此主力应该是原来就有底仓的，从股价走势来看主力已经被套，而且套得不会浅。

深套的主力在资金允许的情况下再建一些仓位，这样底仓的成本就能够下降，最后出逃的目标价位也可以降低，这应该是主力的目的，是主力不希望市场知道的目的。

一个小时后股价开始上涨，进一步证明主力已经被套而不是新进主力。如果是新进主力开始建仓是不会这么快就上推股价的。

尽管640万股的新股还没有全部出来，但总会有一些筹码是被锁住的，因为股价从35元跌到15元的过程中没有反弹过，很多筹码对上面的股价还念念不忘，所以即使股价再下跌也是不会出来的。那么到底有多少筹码不会出来呢？这一点只有主力知道，但我们通过主力的运作也可以知道，只是要晚于主力罢了。

当主力开始推升股价的时候就是抛盘大量减少的时候。不过什么时候抛盘减少我们是看不出来的，因为主力的堆量会欺骗我们，使我们根本就不知道什么是市场的成交量，什么是主力的成交量。

由于主力至少是阶段性地补仓，因此我们同样获得了买进的机会。

当天下午开市后股价一路直奔涨停，该股当天的振幅达到22%，如果我们能够在跌停的价位买进，那么当天的账面收益就是22%。

说一句题外话。现在新股在首次公开发行的时候一般分两个部分发行，一部分是网下申购，一部分是网上申购，在网上申购部分上市以后三个月网下申购部分才能上市，而网下申购这部分上市经常会出现短线机会。

案例24 一小时后的急速拉升

图 4-24-1是ST中华A(000017)2010年3月19日的实时走势图。

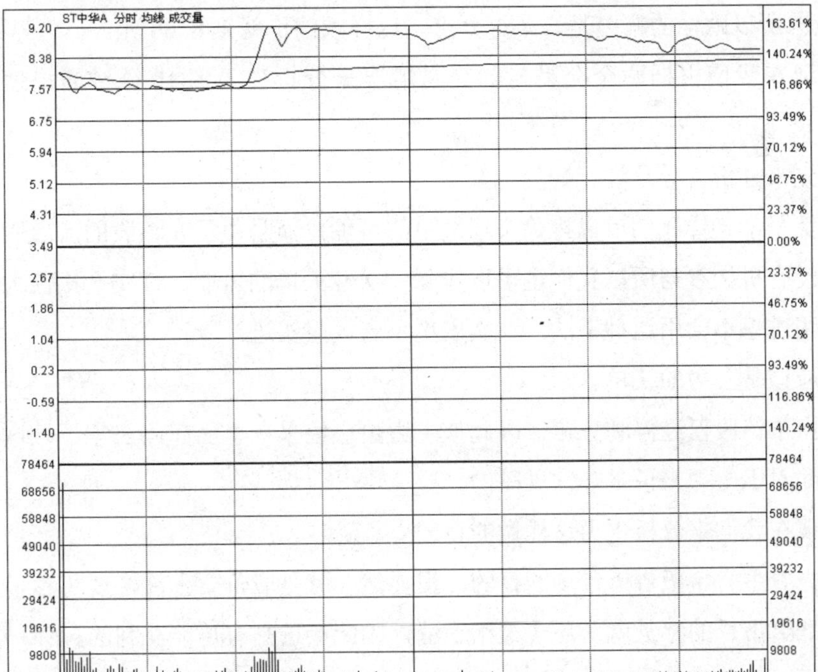

图 4-24-1

我们要分析的是在10点半以后股价被大幅度拉升的细节，不过在此之前先要介绍一下背景。

该股当天是恢复交易，在三年前因股改未成功而停牌，当天股改完成同时复牌。根据股改方案计算停牌前的实际收盘价为2.3元，当天的实际涨幅为251%，不过交易所并不对股改进行除权，因此上图中的上涨幅度为131%。

另外在复牌前该股有重组的传言，而该股已经连续两年(2008年和2009年)亏损，因此重组的可能性确实很大。

在交易进行到10点32分的时候股价出现了异动，大量的买单突然蜂拥而入，只用了10分钟的时间，股价就从7.57元被直线拉升到9.20元，涨幅高达21.53%，相当于正常情况把股价从跌停板的位置用10分钟的时间拉升到涨停板。

接着股价在确认了9.20元的当天最高点后逐级回落，收盘报收8.50元，相对于最高点下跌近8个百分点。

第二天大盘上涨，但该股股价从开盘起就被钉在跌停板上，不过由于是ST股票所以跌停的幅度是5个百分点，这样跌停价就是8.08元。

现在我们根据两个交易日的交易情况来分析当天那10分钟的快速上涨过程。

先来分析主导这波行情的力量。

像平常一样我们可以排除市场散单的可能，而且由于在该股的流通股东中已经没有机构参与所以我们也可以排除一次性大单的可能。其实一次性大单即使要买进也不会用这种手法，要卖出更不会大量买进。

应该是主力的买单。

由于该股已经停牌三年，因此该主力也已经呆在里面起码三年了，这么长的时间对于主力来说是非常难熬的。

现在我们来分析主力这样做的目的。

先看主力希望告诉市场的目的。很显然，就是股价要上涨，要买趁早。股价上涨给市场的感觉就是还会继续上涨，因此买进是有可能获利的。

不过我们知道，在10点半以前市场的成交是相当活跃的，因此无论是买还是卖都很容易，根本没有必要通过这种方式把股价拉高了继续买，完全可以把买单挂在下面，所以我们排除主力想大量买进的目的。

我们知道市场总的来说不是为了买就是为了卖，现在既然否定了主力想买的可能性那么剩下的可能性就是卖了，主力通过这样的方式在出货。

不过主力在把股价大幅度拉上来的过程中确实是会增加仓位的，这时一种暂时性的增仓，只是表明主力觉得前面的价位太低了，把股价拉高的真正目的是为了让自己把筹码扔在更高的价位，所以说主力的被动性买进只是为了更好更多地卖出。

我们知道复牌当天是没有涨跌停板的，因此主力不做这番努力的话股价是有可能继续下跌的，或者说主力在前面的一个小时交易中已经感觉到了股价下跌的压力，而主力又有很多的筹码在等着出来，所以不得已采取了这一招。

尽管后来股价一路震荡向下，但基本上在 8.50 元之上，远高于主力拉升之前的 7.57 元。

不过主力是顶着大量的市场抛单而进行大幅度拉升的，所以最后也一定接下了不少筹码，这就是下一个交易日开盘就跌停的原因所在。

按照最乐观的预期，主力已经在当天将原有的筹码全部出清，但当天拉升时买进的筹码只能被迫砸在手里，因此在第二天直接对准跌停价位扔了出去。正是因为有这样一个细节，在第二天集合竞价的时候就有 500 多万股压在跌停价位上。可以想象，第二天成交的 300 多万股肯定包括了前一天主力拉升时买进的全部或至少是大部分的筹码。

也许拉升中接进的筹码最终会有些亏损，但主力是算总账的，而且如果做得好的话应该可以做到这笔新增筹码不亏损。具体来说就是在拉升前在 7.57 元的下方再增持一些筹码，这样就可以降低一些新增筹码的成本，实际上这批筹码尽管是在拉升的过程中接下来的，但平均成本决不会在 9 元上方，甚至不到 8.30 元，因此第二天 8.08 元的卖出价是可以做到不亏的，不过这只是操盘手做盘的细节处理，对于主力的整体运作没有质的影响。

经过两天的交易，三年前的主力已经悉数出局，这是我们分析的结论，也许由于重组等原因该股还会有行情，但那一定是新的资金进来，与三年前的主力资金无关。

案例 25 超级脉冲的疑惑

图 4-25-1 是天宸股份(600620)2010 年 4 月 9 日的实时走势图。

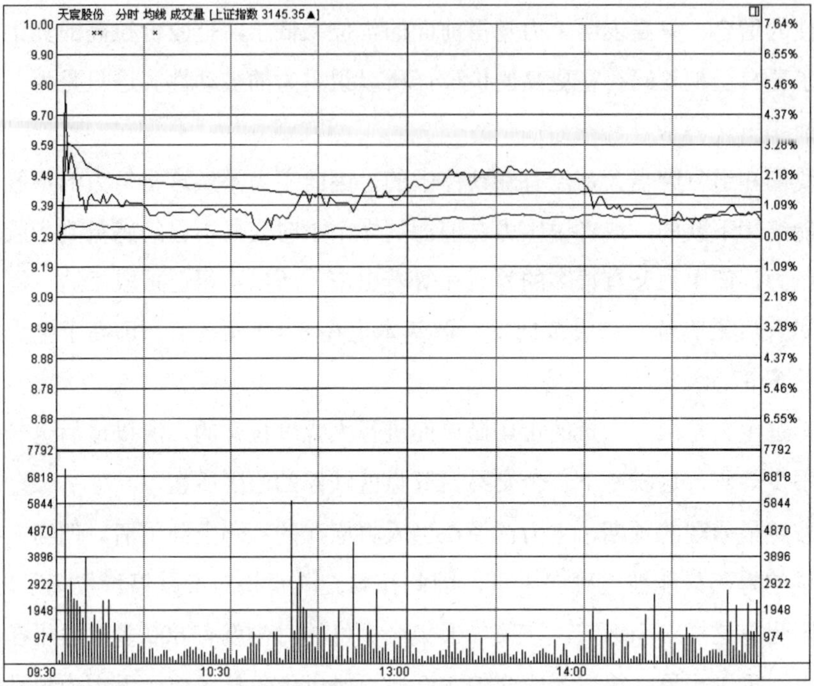

图 4-25-1

该股当天以 81 手 9.28 元平开，不过 2 分钟后，市场上突然涌进来四笔超级大单，其中第一笔为 6000 手，后三笔各为 1000 手。这几笔超级大单将股价瞬间打高，股价最高为 10 元，最大涨幅接近 8 个百分点。不过 2 分钟后股价即连续回落到涨幅 1 个百分点左右的 9.4 元附近波动，收盘微涨但低于大盘的涨幅。

股价的脉冲现象并不鲜见，也就是股价瞬间冲高然后再回落的现象。不过一般的脉冲现象其瞬间的上涨幅度不会很大，难得会超过两个百分点，很少超过 3 个百分点，但现在的瞬间涨幅接近了 8 个点，所以是罕见的超级脉冲。

下面我们来分析这个交易细节。

显然这几张大单不属于市场散单，而且也不会有哪张一次性大单会这样交易，所以这几张大单就是主力的单子。

我们先来分析这一交易带给市场的信息。

由于股价大幅度冲高的时间只有 2 分钟，所以不会引起市场的关注。我们知道，股价走势对市场的影响程度取决于时间，时间越长影响的程度就越大，而现在短短的 2 分钟只能影响到一直在盘中关注该股的交易者，而且以持有筹码者居多，再加上刚刚开盘，因此关注的交易者更加稀少，所以我们推断主力这样做的目的是不希望引起市场的关注。

大多数情况下主力的运作是希望引起市场关注的，这方面我们讨论得也相对多一些，不过有时候主力并不希望市场关注，这时候我们更需要关注了。

既然主力不希望市场关注，那就一定有隐藏的意图。

由于主力大幅度推高股价，所以我们排除主力正在建仓的可能性。

我们知道交易是买卖双方同时进行的，所以我们只分析买卖中的一方是不全面的。现在交易的买方已经很清楚，我们接着分析卖方。

由于开盘的时候交易很正常，一般情况下此时挂单的数量很少，所以不会有大量的市场散单挂在上面，因此这些大卖单只可能来自主力或者某张一次性大单，这样交易的卖家只有两种可能性：主力或者一次性大单。

所谓主力卖给主力就是通过对倒进行堆量。主力堆量一般会与运作股价同步进行，目的是为了让市场接受变化了的股价。目前股价被大幅度推高，同时伴有巨量，但这种瞬间上涨的股价是无法被市场接受的，相信主力也知道这一点，所以主力用这种方式进行堆量是不合理的，我们可以排除主力作为卖家的可能性。剩下的就只有一种可能性，卖家是某张一次性大单。

尽管我们看不到高高挂在上面的大卖单，但通过当时的成交均价可以知道大卖单挂的价位非常高，因此我们相信这张一次性大单一定是知道主力会这样干的，换句话说这几笔交易事先是有约定的。

这样的交易结果就是主力送了对方一个大红包，也许是老鼠仓，也许是关系仓，不管怎么样，这是一种利益的输送。

进行瞬间高位交易的可能性有两个，一个是主力以为以后股价到不了 10 元的价位，这表明主力已经在撤退了，起码已经有了撤退的念头。还有一个可能性是一次性大单由于某种原因要急于兑现而等不到股价涨到 10 元附近，至少在短期内涨不到。

不管交易属于那种可能性至少我们知道主力认为该股短期将难以上涨到 10 元的价位。

主力的目的很明了，就是将最大化的利益输送给约定者。

分析的过程可能比较繁复，但结论很简单，主力利用开盘后市场相对清淡的 2 分钟时间将约定盘在接近 10 元左右的高位接下来。

既然约定盘都已经接下来了，那么至少股价上升的空间就不会很大，甚至不排除下跌的可能。

顺便我们得知主力的参与度有限。如果主力介入程度较深的话，就没有必要趁开盘后的 2 分钟进行偷袭，完全可以在盘中通过堆量推升，股价制造一波上涨行情然后让约定盘高位出逃。

第五章

大 单 操 作 手 册

本章内容涉及一个新颖的话题，即如何进行交易。

前面我们讨论的都是研判看盘方面的一些细节，并没有过多地讨论如何进行交易的问题。其实对于资金不多的投资者来说这并非很重要，因为资金少的最大优点就是进出方便。一旦发现短线机会马上就可以买进甚至满仓，一旦风向不对立刻就能够卖掉而逃脱。不过当资金量达到一定的程度以后操作上就不那么容易了，特别是对于一些一次性大单的交易员或者主力操盘手来说就更需要一些技巧。

在《上海证券报》的专栏中我曾经讨论过几种大单交易的手法，受到不少投资朋友的欢迎，这才有了本章节的构思。

现在市场的规模已经相当大，其中大资金参与的力度也越来越大，因此会有更多的人成为各种类型的交易员或操盘手。然而在林林总总的证券书籍中尚没有指导大资金的交易者如何进行操作的，不能不说是一个遗憾。本书在本章节中将尝试部分弥补这个缺陷，特别举一些案例来说明大单交易者的市场盘面操作思路和手法。

除了把参与市场的单子分成市场散单、一次性大单和主力单三种类型以外，我们还可以根据资金的大小划分成小单和大单两种，这种划分方式与前面的三种类型有交互的地方，比如市场散单中也有大单，主力在运作的过程中也会有小单等等。

之所以要把单子专门划分为小单和大单，是为了理清操作上的思路，要清楚小单和大单的操作是完全不一样的，即使我们已经对盘面的变化有了非常深入的了解，但在操作上还是完全不一样的。

本章节讨论的一些大单的操作手法，主要面向的对象是手持大单的交易者，包括大户投资者、各种类型的交易员和操盘手。

本书经常用“交易者”这样一个称呼是有原因的，也许我们更熟悉投资者这个称呼，但实际上很多投资者手中的资金并不是自己的，或者说不完全是自己的。比如基金的交易员，主力的操盘手，还有很多私募的操盘手，包括机构的交易员等等，所以我们不能把市场上参与交易的通称为投资者，最合适的称呼就是交易者。

交易者就是具体下单的人，并不表示下单的资金一定是交易者本人的。

对于大单交易者来说最主要的是要分清交易对象。

所谓交易对象是指交易时对方的性质。比如是市场中的普通散单还是一次性大单，或者是主力，这一点非常重要。如果只是市场散单，那么很有可能完不成交易，因为可交易的单子往往太小；如果是主力，那么就要面临相互的博弈，因为与主力过招对方肯定知道，在价格问题上就会反复纠缠。

在交易的过程中首先必须弄清对手，然后再制定具体的操作方案。

也许很多交易者不以为然，比如基金的交易员等等。因为他们的职责只是在规定的时间和价格范围内完成指令单，并不需要什么操作方案，甚至也不需要看懂盘面，但对于绝大多数交易者来说这是必需的。

有的活儿你学会了就是自己的，就能成为自己的独门暗器和特长，而有些活儿是任何一个人都能做的。

比如交易员这个活儿，只要脑子不坏就可以做。不过看懂盘面这个活儿就不是任何一个人都能够做的，实际上能够看懂一半盘面的人恐怕就已经很少了，这也是本书的价值所在。

本章节把大单的交易者分成三种类型：主力操盘手、一次性大单交易员和其他大单交易者。

下面我们通过一些具体案例的分析来探讨一些大单交易的手法。

案例 1　买进可以低挂

本案例适用于除了一次性大单交易员和主力操盘手以外的其他大单交易者。

大资金的运作是离不开基本面的，因此对于交易者来说在下单之前就应该对股票的基本面有了相当程度的了解。

假设我们在对某个个股的基本面有了相当的把握以后决定买进 100 万股，而该股的日成交量不足 200 万股。

进入市场进行观察，就是通过看盘分析是否有主力混杂其中。

现在我们通过多个细节分析发现其中有主力在运作，而且已经过了建仓期，股价也已经走出了底部。

既然是一个好股票，我们不准备再等股价下跌，因为有可能股价根本就下不来，所以决定就目前的价位买进。

怎么买？请记住，我们要买进的是 100 万股而不是 1 万股或者 1 千股。

如果以最简单的方式买进，比如很多交易员就是这样做的，那就是一路买上去。

尽管一开始没有什么大的卖单挂在上面，但股价上涨以后就会有很多挂单挂出来，这是因为下档没有大的接单跟上的缘故。

于是继续加大力度买进，结果就算完成了单子平均价也会比较高，而且在单子完成以后股价并不会停留在上涨后的价位，而是由于缺乏买单的支撑而回落，结果单子是完成了，但已经明显被套。

尽管整个买卖过程没有什么本质性的差错，但尽可能降低持仓成本是对每一个交易者最基本的要求。所以按照这样方式完成的指令单是每一个人都能够做到的，但完成的质量是最差的。

以下一个简单的实例表明：最后以同样的价格卖出，成本越低获取的收益就越高。

实例：最后卖出价格是 8 元。

方案①：买进价格 6 元。结果①：获利 33%。

方案②：买进价格 5 元。结果②：获利 60%。

现在比较一下：方案①的买进价格比方案②的买进价格高了 20%，但获利要低 27 个百分点。这就提醒我们，尽可能低的成本会带来尽可能高的收益，两者的百分比并不是同步的。

正是考虑到这一因素，交易者应该采用更好的操作方式以体现自身的操盘价值。

回到案例中。

主力已经脱离了建仓阶段，这是本案例的特殊情况，一定要记住，如果主力处在其他阶段，那么操作方法很可能是不一样的。

现在我们来分析主力的意愿，在完成了建仓以后主力想做些什么呢？

主力的整个运作过程可以一分为三，先是建仓，然后是推升股价，最后是出货。

现在已经完成了建仓，而且我们已经分析了公司的基本面，离公司优良业绩表现出来的时间还早，否则我们也不会建仓，因此也不存在主力出货的可能，那么就应该是处于推升股价阶段。

在推升股价的过程中主力最大的心愿是什么？

推升股价需要不断地买进上档的挂单，所以会增加筹码，但主力的资金是有合理安排的，不可能将大量的资金用于推升股价的阶段新增仓位，因为这个阶段的筹码价格要明显高于建仓阶段，所以主力在推升股价阶段的最大心愿就是不增加或者尽量少增加筹码。然而在推升股价的过程中主力的增仓又是不可避免的，所以操盘手只能寄希望于市场出现大量的接单以便主力在增仓的同时进行减仓。

我们为什么会将股价推高？因为市场上没有大的卖单挂出来，或者说在较低的价位市场散单并不愿意大量卖出。不过现在我们知道主力有这个心愿，主力操盘手之所以没有将大单挂出来，那是因为怕影响市场，或者说主力操盘手还不知道我们的大买单，如果操盘手知道的话，那么大卖单应该是有的。

我们已经有了一个对手盘，就是主力，所以只要把单子挂进去就是了，根本没有必要一路往上打。

非但没有必要主动往上打，我们还可以甚至是应该将较大的挂单挂在买④或者买⑤这样的位置，目的只有一个：让主力操盘手看到。

尽管市场上可能会以为这张挂出来的大买单是主力的，但主力操盘手心里很明白，有一张大买单希望成交但只愿意出现在这样买④或者买⑤低价。

所谓的低价是相对于市场现在的成交价而言的，对于主力的建仓成本来说就不能算低价了，所以主力在推升股价的过程中并不会考虑买进卖出的价格，这与其他交易者有很大的区别。

尽管价格相对低了点，但主力还是会给的，所以我们的大挂单会成交，主力会扔给我们。

主力在扔出一大笔抛单以后很快会在原来的买①或者买②的价位上挂上一些单子以蒙骗市场，但不管怎么样，我们和主力的心里都清楚，我们之间进行了一笔交易，只是我们的交易还没有最后完成，这一点主力不知道。

接着我们继续在买④或者买⑤的地方挂出大买单，前面出现过的交易也会再次出现。

操作得当的话这张 100 万股的单子当天就可以完成，甚至用不了半个交易日。

这样的交易市场上不一定能看懂，但我们与主力都心知肚明。不过由于大单连续在下档成交，因此上档会积累较多的市场压单，这样主力推升股价的时间会相对延后，但对我们来说仍然是值得的，至少我们用同样的时间以更低的价格完成了这一张大单，其中只是用了一点小小的手段而已。

案例 2　砸出支撑区

本案例适用于主力操盘手。

一路上涨的股价会吸引越来越多的卖单，同时会吓跑买单，所以当主力将股价推升到一定的高度后必然会让股价回落。由于积累了不少短线的获利筹码，所以一旦股价回落，这些筹码就会出来，同样回落后的相对低价也可以重新吸引买单进场。

如果操作得当，那么在前期的股价推升过程中主力有可能实现买卖平衡，就是基本上做到不增加新的筹码，这是优秀操盘手操盘的结果。如果是这样，那么在调整中主力不需要减仓，完全可以让股价自由运行。如果操盘手前期操作不当，那么就需要减掉一些仓位，这个调整就由主力起头，操盘手直接把筹码扔向市场造成股价下跌从而带出市场抛盘。

现在我们要讨论的是股价调整的底部。

调整只是股价上涨过程中的一次反复，其主要目的是为了让市场进行充分的换手，促使获利的短线筹码及早兑现，同时也可以在时间的延续下让市场接受已经上涨了的股价。但主力的目的是为了以后将股价推升得更高，因此总是希望调整的幅度能够相对小一些，调整的时间能够相对短一些。

市场上有一种说法叫做“以时间换空间”，或者叫“以空间换时间”。对应于当前的情况其本质是这样的：

如果希望缩短调整的时间，那么就加大股价的调整幅度；如果希望缩小股价调整的幅度，那么就延长股价的调整时间。也就是说主力无法做到既能缩短调整的时间又能缩小调整的幅度，除非大盘相当配合。

特别提示：提到的调整幅度和调整时间与前期股价的上涨幅度和上涨时间有关。

反过来可以这样说，主力至少应该选择其中的一种策略而不是一味地放任股价自由波动。

如果基于基本面上的一些变化在时间上还有多余的话，可以选择缩小调整幅度同时延长调整时间的策略，如果基本面上不允许的话，就只能选择缩短调整时间加大调整幅度的策略。

特别提示：所谓基本面是指公司未来在基本面上会发生的利好变化，这些变化现在市场还未知晓或者知晓面有限。

现在我们假设主力在时间上并不富裕，因此一定会选择加大调整幅度以缩短调整时间的策略。

主力操盘手计划加大调整的力度。

由于调整幅度过大也会为接下来股价的推升增加难度，因此操盘手希望尽量让调整的低点出现的时间段更短一些，理想的状态是在一个交易日之内搞定。这样调整的幅度达到了，调整的时间也就可以缩短了。现在的问题出来了，股价调整的底部在哪里？

很多操盘手会拍着胸脯说：“调整的底部我说了算。”

可惜这并不是一种职业的说法。

如果操盘手以为握着大资金就这样有底气的话，那么最后主力一定会被套在里面，历史上这样的例子已经不胜枚举。即使像德龙这样几乎把流通筹码全部拿在手里的主力庄家最后也被套死了，更不要说现在的主力了。

操盘手一定要知道，主力的优势在于基本面的把握和资金，但市场还是要尊重的，主力最多只能适当地干预一下股价的波动，但绝不能有恃无恐。

股价调整的底部绝对不是操盘手说了算的，它必须由市场决定。

通常情况下，在调整结束前其实我们是很难知道调整的底部区域在哪里的，这个底部区域就是市场一直在说的支撑区。从理论来上说，调整的底部区域应该是买单增加而卖单减少并在股价上达到平衡的区域，如果出现了这样一种状态，那么至少短期调整的底部区域就已经到了。

我们在看盘的时候实际上也是这么想的，只是我们还要注意的是其中增加的买单是不是市场的自然买单，如果不是那么结论就不一定成立，所以还是有一些难度的。不过主力操盘手不一样，因为操盘手知道挂单中真正的市场挂单有多少。

利用这样一个有利因素操盘手可以很容易判断出短期调整的底部区域是否已经出现。不过如果仅仅只是被动地等待，那么原先希望加大调整幅度从而达到缩短调整时间的愿望就要落空，所以操盘手需要有所作为。

主力在完成建仓以后就具有筹码和资金的双重优势，所以操盘手可以对市场进行测试，也可以统称为“试盘”。不过我们一般只是把往上打叫做试盘，其实往下也可以叫试盘的。

测试底部区域最简单的方法就是把股价打下去，看看到底哪里是底。

这种动态性的测试可以将目前还没有报进来的动态单子吸引进来，在市场上也被称为“砸盘”。不过有时候“砸盘”也有可能是为了建仓，也有可能是出货的尾声，在这里是为了测试股价的支撑区域。

具体的做法就是瞬间用几笔大单将下档接单悉数砸掉，为了取得更好的效果还可以在下面挂上一些大的接单一起砸掉，这样成交量更大一些。不过因为只是测试支撑区，所以不要在上面挂大卖单，最多挂一些零星小卖单，造成市场散单跟风的态势。

现在操盘手要密切关注盘面的变化，实际上现在盘面上挂的几乎已经全部是市场的散单。

主要的观察点集中在买卖挂单的变化和动态报单的变化上，这些变化能够反映出买卖关系的变化。

如果观察结果符合底部区域特征，那么操盘手当天就有可能将股价拉回来，从而使大幅度调整在当天就完成，这是一种最理想的结局，未来操盘手要考虑的只是什么时候启动新一波上涨行情而已。

如果市场变化不大，那么就往更低的价位再砸一次，直到底部特征出现为止。

当股价到达底部以后可能会出现以下的情况。

情况①：很多大单挂在上面而下档接单不多，主动性抛盘已经不多。

表明市场上还有很多获利的短线筹码没有换手，但这些筹码并不愿意以更低的价格出手。主力如果一定要以空间换时间的话，只能自己将这些筹码接下来，否则的话单靠市场消化就会将调整的时间延长。

情况②：很多大单挂在上面，同时下档也有不少接单出现。

表明尽管获利的短线筹码还有不少但目前的价位买单已经比较认可。不过在调整的过程中市场大单一般都不会主动性往上打，因此操盘手需要在后面推一把。

种办法是打掉一两笔卖①卖②的挂单，甚至可以自己在这些价位上再挂一些卖单后打掉，这样就容易吸引市场的主动性买单。

另一种办法是在下面挂大单，比如挂在买②买③或相应的整数位，这样也可以达到吸引市场主动性买单的目的。

如果经过这样的操作市场上的短线获利筹码已经完全或大部分被消化掉了，那么操盘手的测试就是成功的，股价很快就可以拉回。

测试支撑区是操盘手经常要做的事情，即使在一次调整过程中也可能会做几次。尽管通过砸盘的方式寻找支撑区似乎有些不近人情，但对于操盘手来说是非常有效的手段。

案例 3　尾市推升的较量

本案例适用于主力操盘手。

主力操盘手在推升股价的过程中经常会有一些调整的波段，而这些调整的波段一般都会有一些共同的特征，比如成交量逐步萎缩等。而主力操盘手在股价的调整期间负有护盘的重任，不能让股价回落得太多，否则就会前功尽弃，为以后的重新推升股价带来困难。而护盘中最重要的就是收盘价，收盘价是最有影响力的股价，所以操盘手首先要护的就是收盘价。

在成交量萎缩的状态下操盘手很容易将股价推上去，不过我们一直提到主力在推升阶段的一个重要任务是减掉新增加的仓位，因此如果只是简单地推升股价，势必要继续增加仓位，而这是操盘手的大忌。

20 世纪有很多主力被市场消灭，其中一个很重要的原因就是只关注了收盘价而忽视了减仓位，结果因为筹码吃进太多而撑死。

所以操盘手不能为了收盘价而不考虑减仓位，换句话说，为了减掉一定的仓位必须能够容忍股价的调整。实际上在前一个案例中我们已经谈到过，推升股价过程中的回调是必须的，操盘手要考虑的无非是“以时间换空间”还是“以空间换时间”，而绝不是一定要保证收盘价天天上涨。

尽管在前一个案例中我们谈到了主力采用“以空间换时间”的策略，但在大多数情况下主力都会采取“以时间换空间”的策略，因此操盘手在调整期的任务主要是维护股价，尽量使股价调整的幅度相对小一些，这样就可以减轻再度推升股价时的压力。

比如股价从 11 元推升到 15 元，然后调整，在操盘手的努力下股价调整到 13.58 元就见底，然后随着时间的推移调整进入尾声，此时操盘手顺势继续推升股价将易如反掌。而如果操盘手不问不管，股价最后下跌到 12 元才结束探底，这样对未来的推升就会带来很大的难度。

说到减仓，其实操盘手在股价调整期间一直是负有减仓任务的，即使是在极端的情况下——主力的仓位已经不高于原始锁仓的仓位——但还是要减，因为一旦推升股价就会新增仓位。不过操盘手在调整期间的减仓是有一个原则的，就是对股价特别是收盘价尽量不能造成负面影响，绝对不能像“砸盘”那样减仓，如果操盘手这样做了，那么主力一定会以最快的速度更换操盘手。

操盘手既要维护股价又要尽可能地减仓，这似乎是一对自相矛盾的任务，但重要性是不一样的。如果前期仓位增加不多甚至没有增加，那么减仓的重要性就可以降低一些；如果股价回调的幅度较小，那么护盘的重要性就可以降低。

不管怎么说，在成交低迷的时候操盘手还是应该多关心收盘价的，毕竟用不了多大的力气。

本案例要讨论的是调整接近结束的时候操盘手在尾市对于收盘价的争夺战。

每当这个时候主力鉴于种种原因准备结束调整，比如基本面，比如盘中抛盘已经很轻，或者大盘已经走好等等，这时候操盘手要对收盘价进行干预，以备在正式开始推升前使股价处于一个相对高的位置，或者说给于市场一个相对漂亮的 K 线形态。

这不是一般的通过收盘价进行护盘，而是大战前的障碍清扫。

通常的时间选择在收盘前 20～30 分钟左右，并不需要一小时，前面我们提到过“黄金 1 小时”的概念，那是在推升股价的过程中，现在只是推升前的修护工作，所以只需要 20～30 分钟。

考虑到成交清淡的状态，目前关注股价的多是一些手中持有筹码的交易者，这些筹码构成了股价上涨的压力，也是操盘手要面对的压力。也许会有一些资金正在准备买进但量不会多，在操盘手介入后股价会快速上涨，但 20～30 分钟的时间还难以让市场接受上涨后的价格，因此这些潜在的买单可能会放弃。这样操盘手进入市场后的交易各方是比较明确的，操盘手将成为几乎是唯一的买方并抵抗市场各个卖方的抛单。

以一己之力对抗整个市场的抛盘，这是摆在操盘手面前的事情，操盘手必须要有这样的思想准备，以免到时候乱了阵脚。

不过主力意在长远，所以既要对市场有足够的了解，但也不必惧怕。

大致的过程可以分成以下四个步骤。

步骤①：做好资金和时间上的充分准备。

在战役开始前操盘手必须暂时忘记主力的持仓成本，根据自己剩余资金的多寡决定运作的时段和力度，千万别期望今天推一下明天股价就不会掉下来，要准备运作一段时间，视资金情况而定。我们知道，希望引起市场关注的最主要且有效的办法就是让股价连续走强。

步骤②：建立短期仓位。

操盘手在开始推升前已经知道自己将面对整个市场的抛盘，所以一定要做好增加仓位的准备。不过这种仓位只是股价运作过程中的仓位，属于临时仓位，所以会在以后始终考虑减持。

由于操盘手很快要推升股价，一旦股价上涨，现在价位上的短线筹码会成为获利筹码从而对股价的上涨形成压力，还不如在现在的价位就把这些筹码拿在自己的手里，这样上涨的压力就会小一些，只是操盘手千万不要忘记在后面运作中要减掉这些仓位。

还没有增加的仓位就已经在考虑减掉了，这样做是不是有些多余？绝对没有，操盘手必须这样做。

利用扫单的方式建立短期仓位。

由于没有在下面挂大的接单，所以抛盘会不断，操盘手连续吸纳直到正式推升股价前。

步骤③：推升股价。

推升股价需要用到一些常用的方法，这里不再展开，只是提几个要注意的地方。

考虑到既要达到目的又要合规，所以在操作上要更多地注意细节。

目前成交清淡，所以没有必要堆量，因为堆量很容易给市场带来非自然交易的感觉，操盘手要尽量模仿市场的自然交易推升交易，要让市场感到股价的调整已经结束，股价是被市场自己买上来的。

推升股价还必须达到一个目的，就是吸引新的市场买单。

尽管操盘手做好了接受市场抛单的准备，但这只是临时的，这些接进来的筹码操盘手是要在推升的过程中还给市场的，所以一定要通过推升股价来达到吸引新的市场买单的目的。

步骤④：减掉新增的筹码。

很多情况下这并不能在当天完成，因为20～30分钟的时间市场还不能接受被推高了的价格，但如果操盘手在下一个交易日甚至连续几个交易日都这样操作的话，市场就会接受逐步上涨了的股价，这样操盘手就很有可能把这段时间接受的市场筹码还给市场。

案例4　适度连涨

本案例适用于主力操盘手。

股价涨幅有大有小，我们把上涨幅度不到1个百分点称为“适度上涨”。如果股价连续几个交易日都在适度上涨，那就是“适度连涨”，其实就是适度的连续上涨。

这是一种不太能引起操盘手兴趣的方法，但确实是一种很好的运作方式。

如果一只股票的股价从一个相对的底部开始适度连涨，那么它对市场所产生的影响是在不知不觉中产生的，其中的变化值得我们思索。

分析市场很多时候似乎没有地方下手，那不妨就从买卖双方的情况开始着手。

先来分析卖方。

我们把卖方根据时间分成两种类型，一种是长线筹码，另一种是中短线筹码。

对于长线筹码的交易者来说这种波动的幅度太小，他们甚至懒得去看走势图，原来的持有计划更不会因此而改变，所以我们把这部分筹码排除在外，它们将继续因各种原因而被暂时锁定。

对于中短线筹码的交易者来说不外乎三种选择：继续持有、卖出或增持。不过股价的适度连涨很容易让市场产生一种“反正涨幅也不大而且每天都在涨”的感觉，它会给交易者带来稳定的心态，所以交易者一般会采取观望的态度，保持住原来的仓位，既不卖出也不增持，只是密切关注行情的演变，一旦股价出现明显下跌趋势则很有可能会卖出筹码。

显然，只要保持住这样的适度连涨态势那么中短期筹码的抛售压力也不会很重。

再来分析买方。

由于之前股价处于相对底部，因此成交必然清淡，一般情况下我们会认为这种个股除了手里有筹码的交易者以外不会再有人关注了。其实任何一个个股在任何时候都会有一批没有筹码的交易者在等待合适的时机买进，这批交易者有的曾经卖出，现在正伺机回补，有的以前在该股获利过，内心一直就有重新买进的萌动，有的可能是听到过别人的推荐等等。

当股价刚刚上涨时这些潜在的买家会希望“等股价稍微下跌一些再买”。但如果股价真正下跌，那么也会产生“不必着急，再等一等，一定有更低价位”的想法。

现在的情况是股价适度连涨，这些潜在的买家就会不断受到折磨，想法也会不断变化。比如“反正涨幅也不是很大，买进不会吃亏”、“似乎有主力在建仓，后面总会有一波拉升行情”、“股价处于相对底部，即使下跌空间也不大”等等。在这些想法的推动下这些潜在的买家中不断会有部分参与进来成为真正的买家。

显然，适度连涨的结果正是主力所需要的，如果在不花费过多资金的情况下就能做到这一点那么是非常值得的。

操盘手的目的是逐步将股价尽可能地推高，由于“适度连涨”更能体现交易的自然性，所以是一种重要的技术手段，其最高境界是不增加仓位却能增加资金。

在《看盘细节》一书中曾经提到我在一次个股的操作案例。

当时在大盘同期上涨 8%的背景之下将股价以完全合规的方式最大推升 25.74%的上涨幅度。

推升前我的账户里只有 300 万股的筹码和 50 万元的资金，最后账户里既没有增加也没有减少筹码，但却增加了 200 多万元的资金。很多人觉得不可思议，但这确实是发生过的，其关键在于采用了合适的方法。

当时该股也是成交清淡，推升股价前日成交量只有 50 多万股，因此 50 万元的资金是可以锁掉一些仓位的，然后每天保持一定的操作节奏但无论如何都保证收盘价每天都是上涨的，这就是典型的“适度连涨”的方法，最后是连拉 13 根阳线。

那么多出来的资金来之哪里？就是通过不断的高抛低吸产生的。我们一般都以为主力只有高买低抛的份，确实很多时候是这样，但在成交清淡的时候是可以比较容易做到的，即使在正常的操作中主力要做到高抛低吸也是有可能的，只是对于操盘手的要求比较高而已。

为了做到“适度连涨”，操盘手必须小心运作，特别不能大手大脚，更要注意市场的反应。当市场需要大单时就要挂出大单，当市场希望股价上涨时要一路买进，但不能暴露自己的运作痕迹，要把自己想象成一个普通的市场参与者。

具体来说有以下几个要点要注意：

要点①：不要轻易做量。

操盘手因为手中持有较多的资金和筹码所以往往喜欢显示出来，因而一旦开始推升股价就必然会挂出大单进行堆量。这样做首先是有政策上的风险，其次是等于告诉市场主力要操控股价了。

“适度连涨”作为一种市场现象来说本身应该是没有很大的量的，最起码在刚开始上涨的时候是绝对不能有量的，只有在股价逐步攀升的过程中才会逐步放量。

《看盘细节》一书中有关前面连拉 13 根阳线的那个章节上有一幅走势图

(200页)，这13根阳线的量很明显是由小到大的，非常经典。

要点②：前期必须增加仓位。

因为已经过了建仓期，所以主力并不希望增加仓位。但希望归希望，市场自己是不会将股价打上去的，因此在开始的时候主力必须增加仓位。如果一开始就试图把一部分筹码倒给市场（其实也倒不了多少），那么在股价还没有实现“适度连涨”的时候，这些在底部被市场接掉的筹码就会因为短线获利而抛出来，从而对市场形成压力，此时操盘手再接回来就有点莫名其妙了，还不如一开始就拿在手里。

“适度连涨”的目的之一就是要把那些想挂在低位的买单赶到更高的价位上去买。

要点③：后期必须减掉新增仓位。

为了将股价推升得更高，时间维持得更久，操盘手在前期增加了仓位，因此当市场放量的时候必须减仓。

由于市场心理发生微妙变化，尽管操盘手尽量做到不故意堆量，但“适度连涨”数个交易日后市场自己也会放量，这时候因为股价累积涨幅已经不算很小，足够吸引获利的短线筹码出来，同时那些潜在的买家也等得实在不耐烦，所以这两股势力会在市场中进行自然的堆量。不过由于操盘手在底部区域已经拿掉部分筹码，因此市场的多空力量并不平衡，买方会多于卖方，买单会在某一个时段内集中出现，这时候操盘手的主要任务就是减仓，甚至放弃股价的继续上涨也要做这件事，因为这个时候往往是“适度连涨”行情结束的时候，一旦这批潜在的买家完成交易，市场将失去买单的支撑，操盘手需要重新制定运作计划。

一般来说，自然放量的时间在股价上涨二成以上，在三成左右可能性最大。

要点④：如果仓位减掉过多则有机会回补。

也许操盘手运作得过于完美导致股价上涨后爆发出巨大的买方能量，这时操盘手的坚决出货有可能会过度，就是说减掉的仓位超过了前面低位新增的仓位，但不用着急。

一般来说市场本身的放量是一种阶段性转势的特点，操盘手运作了一波上涨的趋势，现在市场自然放量的出现表明上涨这个趋势的转换，所以只要操盘手不再强行参与干涉，那么股价就会回落，这时操盘手多减掉的筹码是完全有机会买回来的，还能够增加主力的资金余额，降低底仓的平均成本，就像前面讲到的例子。

其实这样的结果是最完美的，因为在进入下一波的推升股价过程前操盘手又需要锁定一些短期的筹码了，只不过那时候的价位应该已经上了一个新的台阶。

案例 5　巨量接单排队买

本案例适用于除主力操盘手以外的大单交易者。

当我们准备完成一张 50 万股的大买单的时候，却发现了如图 5-5-1 的情况：

卖⑤	8.35	13
卖④	8.34	34
卖③	8.33	135
卖②	8.32	62
卖①	8.31	38
买①	8.30	1452
买②	8.29	1313
买③	8.28	943
买④	8.27	1123
买⑤	8.26	1233

图 5-5-1

挂单有什么特点？

相对于较为稀少的卖出挂单在下面的接单却是大得多，堪称巨量挂单。

因为上档挂单都只有几十手而下档接单都是几百甚至几千手，这种现象我们可以称之为“巨量挂单”。

我们如何完成大单呢？

通常情况下是这样的：把自己当成市场的散单，在可以接受的价格范围内一点一点地买，把一张大单拆成几十张来完成。

由于上档挂单较少，因此完成的时间无法把握，实际成交的价格也会比较高，所以这样做并不合理。

其实我们应该在具体操作前先弄清楚市场的情况，要在这方面养成一个良好的习惯。

考虑到“小单的真实性”，我们愿意相信上档的挂单更为真实一些，所以下档的买单也应该是与上档的卖单差不多的，决不会有那么多的接单。

下面的挂单中有很大一部分是属于非自然挂单。

因为是非自然挂单，所以我们排除市场散单的可能性。在余下的两种可能中一次性大单也可以排除，相信没有一个交易员会这样操作。最后就只剩下主力大单这样一种可能性。

下方的接单中有大量的接单为主力所为，如果我们对细节分析比较熟悉的话，应该一看就能够得出这样的结论。

既然主力在下面挂了那么多的单子，那么我们就要来分析主力这样做的用意。

表面上看挂出买单是为了买进筹码，可是上面的挂单数量已经告诉我们市场抛盘的情况，因此下面这样的大单是很难成交的，相信主力操盘手也很清楚，因此下面的挂单是挂出来给市场看的而不是真正想成交的。

那么给市场看的目的呢？

当市场看到下面有这么多的挂单时自然会觉得买盘很多，买盘多了股价自然就会上涨，所以要赶紧买进。

显然，主力操盘手挂出这些大单的目的是希望吸引市场买单进场，操盘手甚至还有可能在上档挂了一些筹码(小单并不能排除主力挂单的可能)企图让市场消化，通过在下面挂出大买单而减仓也是操盘手常用的手法。

股价要上涨是主力告诉市场的，但主力的真正目的并不一定是这样。

市场上是什么事情都有可能发生的，尽管在一般情况下下档的大接单是不可能成交的，但并不能完全保证，至少部分成交是完全有可能的，所以主力也是做好了接受一些筹码的思想准备的。

现在我们对主力的情况已经有了一个大致的了解：

主力希望市场自己将股价推上去，或者市场买单打掉一些自己的小卖单，主力只是起一个通过挂单来引导市场的作用。

主力有减仓的意愿，不过在目前的价位和时段还愿意或者说有能力增持一些仓位。

这是主力没有告诉市场的真正目的。

既然目前主力没有打算推升股价的计划，那么我们也就没有必要这么着急地往上面去买。

不过主力是有减仓愿望的，所以如果我们挂一些大单进去主力肯定不会放过，这样我们就有了最合适的操作方法。

将1000手的单子挂在买③8.28元的价位，这样买③价位上面的挂单就变成1943手。对于市场来说可能已经麻木了，不一定会注意到这一点，但主力操盘手很清楚，这张1000手的单子肯定是来自市场，所以操盘手会想办法让这张单子成交。

用不了多少时间我们的单子就会成交，主力会把买①到买③自己的挂单撤掉，然后将筹码扔给我们，接着马上又会重新挂出大单。

这一切发生的时间可能会相当短，但结果是我们的单子成交了，而且挂在买①到买③的市场散单也成交了。

再重复多次同样的行为，我们的大买单就完成了。

我们选择了与主力进行交易，不但很快完成了单子而且价格要明显低一些。

只有一种情况下主力操盘手不会给我们筹码，那就是主力正准备推升股价。

案例6 非主观性干扰

本案例适用于除主力操盘手以外的各类大单交易者。

对于主力操盘手来说，运作的过程是有一定的计划性的，不过对于是否有大单加入，会有多少大单加入以及大单加入的时点是很难把握的，因此操盘手并不会严格按照计划进行。实际上计划是在不断修改的，操盘手操盘的重要原则之一就是随机应变。

我曾经在专栏中说过这样一句话："最好的计划就是没有计划。"并不是说真的没有计划，而是随着行情变化而始终在变的计划。

市场除了主力的大单以外还会有很多其他性质的大单，这些大单的交易者通常也是在判断股价的走势之后进入市场的。不过股票市场是一个互动的市场，由于这些大单的加入就会有可能导致股价的走势出现变异。这些大单的进出也会对主力的运作形成干扰，尽管这些干扰并不是大单交易者的初衷，最多也只能算是一些非主观性因素的干扰。

本案例是发生在大单交易员和主力操盘手之间的一次博弈，其含有很明显的非主观性干扰因素。

某日交易员准备在某股上完成一张 100 万股的大单，已经完成了其中的 18 万股，现在还需要增仓 82 万股。从盘面上交易员发现主力已经在积极运作，前一个交易日股价的走势明显强于大盘。

由于前一个交易日涨幅较大，一般来说接下来会有两种可能的走势，一种是进行短期的调整，而另一种是继续上涨。

当天开盘后显示大盘在调整，不过下跌的幅度不大，仔细观察发现是指标股走势相对较强，起到了拖住大盘指标的作用，而非指标股特别是小盘股的跌幅相对较大。该股作为小盘股理应有较大的跌幅，然而盘中显示该股下档大接单频频出现，股价得以维持，而且量能也没有明显的萎缩。仔细观察发现尽管抛盘不少但其中并没有出现 4 位数之类的大抛单。

以上状态已经维持了大半个交易日了，这些迹象都表明主力正在顶住市场散单的抛压，而这样做显然是为了进一步推升股价做准备的，而且由于当天主力接进较多的筹码，因此很有可能在交易的最后时段大幅度推升股价，因此交易员准备动手了，一旦主力操盘手推升股价那么交易员建仓的成本就会更高。

不过猜测毕竟是猜测，出于谨慎的原则，交易员决定再试一次盘。

交易员已经注意到尽管全天抛压很重但没有 4 位数的大抛单，所以交易员不知道主力操盘手是否愿意接 4 位数的大单，也就是说如果有 4 位数的大抛盘主力操盘手还会不会接，如果不愿意接，那么至少当天主力操盘手还不一定会推升股价，交易员可以等待下一个交易日，或许股价会更低。

现在市场上没有 4 位数的大卖单，所以交易员要利用自己手中的筹码去试。

从自己的18万股库存中拿出1100手以卖①的价格卖出。

当时在买①的价位上有518手挂单，在交易员将卖单动态挂出后买①的价位成为卖①的价位，除成交的518手之外还留下582手挂在上面。

交易员靠在椅子上静心等待后面的变化。

其实不用等，接着传过来的数据显示582手挂单已经没有了，这一价位上面是418手接单，这一价位又成为买①。

不过交易者的抛单还是引出了不少市场抛单，但仍然无法击穿下面的买单，而且下档大接单的价位在慢慢提高。

显然，主力在昨天大幅度推升股价的基础上今天仍然在增仓，而且目前价位离主力建仓的区域似乎并不远，因此接下来操盘手强势推升股价的可能性已经非常大了，交易员觉得通过刚才的测试已经进一步证实了自己的推断，所以决定在目前的价位买进。

不过当天留下的时间已经不多，交易员只能加大买进力度，几百手的大买单不断地报进去。

大盘出现转机，在最后1小时快速回升并翻红。交易员认为主力操盘手决不会放弃这样的机会，因此随时有强力推升股价的可能，交易员因此进一步加大了买进力度。

然而想象中的操盘手强力推升股价的情况并没有出现，盘中挂出来的大买单除了交易员挂的以外已经越来越少，交易员突然发现自己已经成了主力操盘手的角色了，更奇怪的是原来上档没有什么挂单的地方却不断出现大卖单，而且还有不少主动性的大抛单将自己的挂单打掉，股价正在逆大盘而下跌。

收盘了，除去前面用于试盘的11万股，交易员净买入近60万股，不过股价下跌1个百分点，与大盘的红盘呈明显的反差。这一结局再明显不过了，主力是希望股价进入短期调整的，交易者的判断完全错了。

问题出在哪里呢?

回想在整个过程中，交易员的研判应该是没有问题的，试盘也没有错，甚至可以说在试盘以后操盘手还是准备推升股价的，问题的关键就在交易员最后的买进过程中。

也许市场并没有看出什么，但主力操盘手心里非常清楚，在最后时刻市场上出现了连续多张大买单，考虑到连续性的原则这些买单应该属于某张一次性大单，而且比较急。

对于主力操盘手来说，尽管知道有一张一次性大单在急吼吼地进场，但对这张一次性大单的目的并不清楚。

如果是短线，那么对于操盘手推升股价就会带来压力，而这并不是主力所原意看到的。主力运作股价志在长远，并不会在乎短期的得失。既然这张一次性大单有做短线的可能，那么操盘手就不一定急于将股价推升上去而让这张大单成功获利出逃，所以主力操盘手选择了让股价调整的策略。

一旦股价进入调整那么这张一次性大单基本上处于被套的状态，筹码也就被迫锁定。随着时间的推移短期的筹码就会逐步演变成中线筹码，至少在股价略有获利的情况下还不至于立刻出逃。

这一常理是主力操盘手选择让股价调整的理由。

不过当天主力已经接下了不少筹码，原来是为了在接下来的上推过程中减少市场抛盘的压力，现在既然改主意了，那么这些筹码就是多余的了，所以主力操盘手还要把当天接进的筹码尽可能地倒给市场，而且正好有一张一次性大单在积极地买进，这就是交易员感觉抛盘逆势增大的原因所在。

主力操盘手不但没有上推股价反而选择了做空。

也许交易者会后悔，但如果交易者不这样操作的话主力操盘手就会将股价推上去，至少在这波行情里是等不到股价下来的。

本案例充分说明，一些大资金交易者的参与会干扰到主力操盘手的思路，但这并非是交易者的主观愿望。

从理论上来说，为了不干扰主力操盘手的思路，交易者应该采用的是不动声色，将大单分成若干小单进行买进，不过这样做的后果很可能是买不到多少筹码股价就上去了，悲观的话甚至有可能连前面用于测试的 1100 手都买不回来。

其实这样的结果对于交易员来说未必是坏事，因为这张一次性大单最后完成的成本要相对低一些。

由于接下来股价将进入调整阶段，而交易者还有 40 万股需要买进，所以最后的平均成本会更低一些。不过主力也达到了目的，就是强制使这张一次性大单持有的时间延长，尽管这张大单原来可能就是准备持有较长时间的。

案例 7 看菜吃饭

本案例适用于主力操盘手。

某天主力操盘手觉得各个方面时机都已经成熟，于是决定推升股价。

开盘后不久，正当操盘手准备扫单的时候却发现上面有多笔大卖单挂出来，如图 5-7-1 所示，这一点操盘手没有意料到。

卖⑤	5.91	113
卖④	5.90	234
卖③	5.89	535
卖②	5.88	962
卖①	5.87	638
买①	5.86	125
买②	5.85	223
买③	5.84	131
买④	5.83	220
买⑤	5.82	121

图 5-7-1

这种意外情况的出现是一个挑战，不过对于身经百战的操盘手来说，这种挑战是家常便饭。

不少操盘手会仗着资金多的优势继续执行原定的计划，所以会用更大的单子扫货，在市场看来像操盘手自己在对倒。如果当天的大卖单只有这些倒也罢了，多增加一些仓位也不是不能接受。不过这种做法是很冒风险的，因为市场的大抛单可能会非常多，这样全部接下来就会花费很大的代价。尽管当天股价确实被推上去了，但这个结果只能说是惨胜。

作为主力操盘手必须要考虑风险的因素，绝对不能因为不是自己的资金就不考虑风险。

只有知己知彼才能百战百胜，对于操盘手来说道理是一样的。

这些大单的出现绝不是孤立的，其中的大多数应该来自于同一张单子，换言之今天有一张一次性大单在出货，这一点是勿容置疑的，这就是操盘手今天要面临的对手，不过现在操盘手对于对手的情况一点也不了解，只知道出现了这个对手。

操盘手当然很想知道今天这张一次性大单一共有多少筹码要出来，但这是不可能的。不过有一点操盘手很清楚，今天必须让这张一次性大单出完，而且是越快越好，否则的话推升股价的计划就得往后拖，因为市场是在不断变化着的，谁也不知道明天的市场会怎样。既然今天是一个合适的时点，那么最好还是今天就把股价推上去，只是在对手盘出完以前操盘手只能暂时把原来的计划放一放。

不过操盘手也不能无所作为，至少应该想办法让这张大单赶紧出完。

操盘手采用以下的方法来抓紧消化对方的大单。

现在上档大卖单挂在 5.87～5.89 元之间，于是操盘手用几笔稍大的单子将下档的接单砸掉，接着用更大的卖单压在 5.82 元左右并将股价维持在 5.80 元左右，如图 5-7-2。

卖⑤	5.89	535
卖④	5.88	962
卖③	5.87	638
卖②	5.85	35
卖①	5.82	538
买①	5.81	45
买②	5.80	542
买③	5.79	109
买④	5.78	88
买⑤	5.77	230

图 5-7-2

这样操作的结果很明显，对手原来挂在上面的卖单是不可能成交了，操盘手通过这样的方式逼对手出招。

选择 5.82 元作为卖①是因为操盘手仍然可以看到 5.87～5.89 元的大挂

单。尽管有些软件提供 10 挡买卖盘的显示，不过在这里我们还是按照 5 档挂单来进行分析。道理是一样的，如果操盘手用了 10 档显示的软件，那么只要做一些相关的调整就可以了。

通常情况下在 5.82 元的下方比如 5.81 元会出现新的大卖单挂在操盘手 5.82 元的单子的前面，现在 5.81 元成为卖①，挂单为 780 手。

这个现象的出现说明了什么呢？

从逻辑上分析有两种可能性。

可能性①：市场上的其他非对手的大卖单，也就是市场散单，只不过这张散单的数量比较大。

可能性②：对手的筹码。

由于股价刚刚被操盘手打下几个价位，所以市场还需要一段时间来适应新的价位，即使有一些恐慌盘也不会有这么多，所以我们可以排除可能性①。

也就是说这 780 手的单子是对手的。

现在进一步观察。

如果是图 5-7-3 的情况，那就是原来上档的卖④价位 5.87 元上同步减少了 480 手，而且卖⑤价位 5.88 元上也减少了 819 手，这就几乎可以肯定对手是将上面的单子撤下来后重新以更低的卖价挂出来的，表明对手的筹码就是原来挂在上面的这些，数量有限。

卖⑤	5.88	143
卖④	5.87	158
卖③	5.85	35
卖②	5.82	538
卖①	5.81	780
买①	5.80	542
买②	5.79	109
买③	5.78	88
买④	5.77	230
买⑤	5.76	120

图 5-7-3

如果是图 5-7-4 的情况，那就是原来上档的大挂单没有大的变化，表明对手除了上面挂的筹码以外还有其他筹码要出来。

卖⑤	5.88	962
卖④	5.87	638
卖③	5.85	35
卖②	5.82	538
卖①	5.81	780
买①	5.80	542
买②	5.79	109
买③	5.78	88
买④	5.77	230
买⑤	5.76	120

图 5-7-4

两种结果已经把对手的底牌大致亮了出来，要么抛单已经在图 5-7-1 中的卖①到卖③中基本挂出，大致在 20 多万股，要么就是远多于这个数量。

如果是前者，那么操盘手完全有办法把对手的抛盘在较短的时间内消化掉，然后继续自己推升股价的计划。如果是后者那么操盘手还需要继续努力来测试对手的抛盘数量。

不管怎么样操盘手总是要把推升股价的计划先放在一边。

由于在上面挂出了那么多的卖单，对手显然不会放弃继续卖出的努力，对于这种一次性大单来说几分钱的差价并不会计较，所以操盘手必须继续逼迫对手出牌，通过市场来逐步消化对手的抛盘。

不过操盘手是不会这么轻易地让对手在目前的价位出货的。

操盘手继续将股价压低，本质上就是重复前面那一幕。比如将大卖单压在 5.77 元的价位，这样做是为了考验对手的信心，也可以测试一下对手的最低卖出限价在哪里。

经过两三次这样的运作，股价的日最大跌幅已经超过 3%，多少会吸引一些市场的买单，这样就有利于对手盘的消化。不过跌幅也不能过大，一来对手的最低卖出限价不会非常低，二来股价跌幅过大对以后的推升也不利，所以在适度掌控的基础上操盘手还是会接下一些对手的筹码。

与最初的蛮干相比，通过这样的操作操盘手会少接相当一部分甚至大部分筹码，而且由于对手的卖出价低了近 3 个百分点，所以对手一定会有一种痛苦的感觉，反过来对操盘手来说则是一种极大的精神上鼓励。

如果当天压力不大而时间又允许，那么收盘前就可以将股价推红。

案例 8　该涨不涨

本案例适用于除主力操盘手以外的大单交易者。

市场出现较大幅度下跌时往往孕育着短线的机会，我们经常会在其中寻找有反弹能量的个股，本案例就是这种情况。

某日大盘下跌幅度较大，个股伴有恐慌性的普跌，不过某股却异常抗跌。

仔细观察盘中交易，发现抛单并不少但屡有大买单出现，而且是大力扫货，将股价基本上维持在 7 元左右，收盘仅微跌，远小于大盘的跌幅。当天成交明显放大，有近 400 余万股的成交，不过估计其中至少有 300 多万股是属于扫单的买单。

由于市场已经出现恐慌，因此卖单大量增加是合理的，而且股价的跌幅远远小于大盘更容易吸引市场的抛盘，所以卖单的放量是合理的。

现在来分析买单的放量。

由于成交是双向的，因此放量的概念就是买卖双方同时增加成交量，在卖单大幅度增加的同时，买单也在大幅度地增加。

当市场整体处于恐慌性下跌的态势时，一般市场的接单会挂在更低的价位，即使是大接单也完全可以这样做，这是基本的交易规律，所以本案例中主动向上扫单的大单是不合理的，属于市场中的非自然交易单子。

在这里我们可以排除这些单子来自市场散单的可能性，所以只要考虑主力和一次性大单的情况。

扫单的含义就是比较急，希望赶紧成交，换一种说法就是股价马上就要上涨了。既然这样，那么对于我们这样的旁观者来说是否就是一次短线机会呢？

我们似乎找不出理由来怀疑这一点，而且大盘在猛跌以后至少会有间隙性的回升进行修正，如果个股有一些利好的消息或者主力准备推升股价的话，是一次很合适的机会。

这样分析的结果就是下一个交易日股价要上涨，所以我们决定在收盘前买进。由于大盘的恐慌所以我们能够买到更多的筹码。最后买进 50 万股，现在我们等着下一个交易日股价的上涨。

下一个交易日到了，没有基本面上的消息，但大盘在开盘以后就开始回升，这一点符合我们前一个交易日的预判。然而该股却并没有如我们所期望的那样上涨，而是仍然在 7 元左右波动，时不时地还翻翻绿。

盘中观察可以找到股价难以上涨的原因。

一旦上档的压盘被市场散单慢慢啃掉，立马会有新的挂单压在上面，随时补充空方的能量。

看来是我们的判断错了，主力并没有推升股价的打算，甚至其中可能根本就没有主力，昨天的买单只是来自某张一次性大买单。

我们认输，在收市前把筹码全部抛出了结，略微有些亏损。

这是做短线的原则，一旦发现判断出错就立刻退出，绝不将短线交易演变成中线甚至长线交易。

以上案例在短线交易中很容易出现，所以有必要再回过头来重新梳理一下自己当时的研判过程。

对于当时卖单的分析应该是没有问题的，所以关键还在买单，需要更细化一些。

在排除了市场散单的可能性之后还剩下两种可能，一种是主力，而另一种是某张一次性大单。

假设当天的买单是主力所为，那么主力当天一定增加了很多筹码。由于股价是在整个交易日内被阻击的，如果主力对大盘预判失误的话，会提前结束这种抵抗，现在既然没有放弃，那就说明主力对大盘的下跌是能够承受的，同样说明主力在目前还有较大的增仓能力而且也愿意增仓，只要股价不再下跌。

借助于 K 线图和盘中观察我们排除了主力建仓的可能，另外形态分析显示股价正处于上升换挡型的调整形态，一旦拉出长阳线就会走出向上的突破行情。

基本面显示公司近两年仍处于成长期，动态市盈率有一定的估值优势。

以上这一切都具备主力运作的基本条件，所以主力买进是有可能的，这种买进的目的是为了在推升股价前先把市场上的短线浮动筹码拿掉一些，以减轻推升股价时的抛盘压力，所以我们无法排除主力买进的可能性。

但我们也无法排除一次性大单的可能，只是这张大单比较特殊，特殊之处就是急。

我们知道着急的理由只有一个，就是股价马上要涨，而股价在某一个交易日铁定要上涨的情况只有两种可能性，一种是基本面上的消息，另一种是主力的推升。现在既然基本面上已经肯定是没有消息，那么就是主力要推升。

不过这两种可能性还有一个时间上的问题，我们现在只等了一个交易日，如果这个时间段再长一些呢？比如再等几个交易日？

因为一次性大单赶在当天完成，所以如果是消息，那么下一个交易日肯定会出，否则的话这张一次性大单的交易就根本不用这么急。不过主力推升股价的计划是可以更改的，所以我们仍然不能排除主力在以后推升股价的可能，只不过主力临时改动了原来准备在下一个交易日推升股价的计划而已。

看来我们也不能排除一次性大单的可能，不过假如是一次性大单，那么也应该是在下一个交易日主力要推升股价的前提下才这么着急买进的，换句话说，一次性大单是知道主力的计划的。

我们可以得出这样结论：无论是否有一次性大单参与，起码主力是参与其间的，也就是说在这300万股左右的大买单中会有相当一部分是主力的非自然性交易单子，而且主力原来的计划就是准备在下一个交易日推升股价。

由于某些因素导致主力改变了主意，推迟了动手的时间。不过计划只是推迟而已，仍然会尽可能早地实施，这一结论也是明显的。

如果一开始就做出这样的结论，那么我们仍然会采取买进的策略，只是不会这么着急地在当天就完成单子。

但是当天我们是得不到这个结论的，因为我们并不知道接下来有没有消息，这一点必须到收盘以后或者下一个交易日才知道，所以我们的买进并没有错。

我们的错误在于卖出，其实经过以上的分析我们是可以继续持有筹码的，主力一定会推升股价，只是时间上的早晚而已。

实际上股价在第四个交易日上涨并向上突破。

是什么导致主力操盘手推迟了推升股价的时间呢？

一种可能是主力操盘手觉察到了我们的买单，而操盘手希望我们出来，或者延长我们的持有时间。

一般对于短线筹码来说持有的时间越短卖出的愿望就越强，所以延长短线筹码的持有时间可以有效降低卖出的愿望，从而达到减轻股价上涨压力的目的。

还有一种可能就是主力当天接的筹码数量超过了原先的预期，所以在下一个交易日借大盘回暖减掉了部分仓位，然后再寻机实施推升股价的计划。

短线操作面临很多不确定的因素，需要我们及时做出新的选择以适应变化了的市场。

案例 9　低位放量不合理

本案例适用于主力操盘手。

某股从高位回落并在一个相对低位整理几个月之后突然放量适度上涨，上涨的幅度在5%以内但其成交量却急速放大，超过 5 天或 10 天均量的五倍甚至更多。

底部放量上涨意味着股价会有一波上涨行情，这似乎是一种经典的量价关系演绎，已经被市场所熟知。不过这一推论是缺乏依据的。

当股价刚刚从底部上涨的时候这种急剧放大的成交量本身就是值得怀疑的。

经过几个月的盘整，短线的筹码已经消化殆尽，剩下的都是中线甚至长线的筹码。对于这些筹码来说区区不到 5 个百分点的涨幅是不可能倾巢而出的，所以当天这么多的卖单并不真实。

同样也找不到理由来支撑这么多的买单。如果确实有潜在的利好消息吸引那么多的买单的话就不会有那么多的卖单了。

总之过大的成交量只能说明交易中存在很多非自然交易单子，在排除了市场散单的可能性之外我们也可以排除一次性大单的可能，因为一次性大单的操作是单向的，而且也不会有这么大的一次性大单。

很明显，当天的交易被主力操盘手所操控。

当股价刚刚开始上涨主力操盘手就拼命堆量，说明主力操盘手的心态很浮躁，希望尽可能快地吸引到市场的买单。

利用一些市场的所谓共识来吸引买单是操盘手的一贯手法，比如底部放量上涨之类的共识这次就被主力操盘手用上了，只是用得过于着急，所以只要我们稍加分析就能看出主力的痕迹。

希望市场买单跟进的潜台词就是在股价上涨的情况下不再新增仓位，甚至还想减少仓位。

主力有这样的意图很正常，股价运作到一定的阶段就必然会有这样的渴望，但操盘手现在这样的做法却不是一种合理的方法。

要推动股价上涨操盘手必然会新增仓位，这是一般的规律，除非这个操盘手具有很高的天分。但现在操盘手却一直在考虑如何不增加筹码，这本身就是一对无法回避的矛盾。

于是操盘手一开始就在每一个价位上堆积了大量的单子，然后自己做量。因为推升股价最后必然会增仓，所以从下一个交易日开始操盘手满脑子想的都是减仓，这样因为前一个交易日放量上涨而在下一个交易日冲进来的短线买单自然就成为操盘手的减仓对手。

这样做的结果也许可以将前一个交易日增持的筹码部分或全部出掉，但市场本身还有正常的抛盘，股价很难抵挡这样的双重抛压，最后由于卖压过重使操盘手失去信心而放弃护盘，股价也就跌回起始位置甚至更低。

推升股价的关键有两步：第一步是吸引中长线买家进场，这样股价的上涨才能有基础。第二步是吸引短线客，只有短线客的加入才能使操盘手减掉一开始推升股价就增加的仓位。

因为放量只能吸引短线买盘，所以在刚开始推升股价的时候一定要避免放量，因为股价刚开始上涨的时候操盘手主要吸引的是中线买家。

可能有很多操盘手会对此有异议。

操盘手即使做一波再小的推升行情也要有三部曲的准备，与整个大项目运作的三部曲是一样的，也是建仓、推升、出货三个步骤，其中的差异只是规模的大小而已。比如准备将股价推升 20%，首先要在启动前将低价位筹码锁掉一部分，然后是推升股价，达到目标后减仓。

如果操盘手能够把每一段小行情都当成整个行情的微型版来做的话，那么就一定能够理解刚推升的时候不能放量的道理。

案例 10 在战术上忘记股价

本案例适用于主力操盘手。

操盘手在昨天的交易过程中增加了 20 万股，成本 14.30 元，今天如何面对这增加的 20 万股？主力的底仓是 2000 万股，到前天为止的成本是 8 元，运作股价的目标是 20 元。

主力操盘手与其他交易者有一个很大的区别，就是主力操盘手会在相当长的一段时间里只运作一只个股，而对于其他交易者来说这是不可能的。也正是因为执着于一只个股，所以对于个股的股价非常敏感，对于在什么价位盘整过、在什么价位有过大量的换手等等这些市场的交易情况了如指掌，更重要的是对于自己筹码的分布极为熟悉。比如建仓的筹码有多少，成本是多少，后来在什么价位又增加了一批筹码，成本是多少，在什么位置有一个锁仓者不愿意再锁仓了，只能接下来，成本又是多少，所有这些筹码一共拿了多少，总的成本又是多少。于是操盘手在每天的交易中始终被这些数字所缠绕，这多少会影响到正常的思考和操作。

操盘手运作的目的总的来说就是推升股价，尽管其间也有波段整理或者跟随大盘调整等下跌过程，但最后的结果是一定要把股价推上去的，必须让主力的底仓在高位成功退出。不过主力有消息面和基本面上的优势，除非对大盘出现了重大误判，一般来说只要制定的计划比较理性那么最后是一定能够做到的，尽管其间操盘手会非常辛苦。

由于大量的资金重仓在一只个股上，所以对于股价的关切也是正常的。但操盘手还是应该在日常的运作中暂时放弃以上所提到那些林林总总的股价和筹码数量，因为这没有任何好处。

由于昨天增加了 20 万股的筹码，所以操盘手总是希望在今天至少能够减掉一些。不过开盘后股价却下跌，现在已经跌到近 14 元了，而昨天增仓的成本在 14.3 元，看来减不掉了。

为什么不能减？是因为怕割肉。

这是一种市场散单的操作思维，也就是操盘手没有暂时忘记成本的后果。

现在我们来讨论两种方案，其中不考虑交易的税费成本。

方案①：保留这成本为 14.3 元的 20 万股。

结果：底仓增加到 2020 万股，成本为 8.062 元

方案②：以 14 元的价格卖出这 20 万股。

结果：底仓仍然是 2000 万股，成本为 8.003 元。

抛出这 20 万股是亏损的，所以导致总的成本上升了 0.003 元。

结果很明显，方案②要明显好于方案①。不但持仓数量少而且平均成本要低很多。

主力的一个重要特点就是拥有大量的底仓，尽管在推升股价的过程中会增加成本但摊到底仓上面是相当少的，所以操盘手没有必要始终惦记着昨天买进的今天卖出要亏了之类的事情。对于操盘手来说只要脱离了建仓阶段就不需要在交易的时候过多地考虑短期操作的盈亏问题。

推升股价的过程中基本上是要增加底仓的成本的，除非是相当优秀的操盘手。

操盘手要考虑的是自己在短期内增加的仓位是不是有可能减持而不是以什么价位减持。

比如昨天增加了 20 万股(不用记住具体的成本，只要记住数量就可以了)，首先要考虑的是今天是否要减持(这个话题超出了本案例的范围)，如果需要减持，那么就考虑一个减持的价位，这个价位与这 20 万股的成本没有任何关系，这个减持的价位只涉及股价运作的需要，也就是说对市场的影响有多大。

如果当天的情况不允许减持而且还需要增持，那么操盘手应该根据主力的资金情况计算一下可以预期增持的数量，如果资金不足则另外做方案。

总之在整个股价的推升期间操盘手至少在运作的时候是不考虑底仓的成本的，要增持或者减持也不用考虑成本，一切都是围绕市场在进行，只要对股价的运行趋势有利就是可行的。

其实再好的操盘手也不能完全做到今天增加的仓位明天全部减掉而且还能

盈利，这就是我们经常看到操盘手高买低抛的原因。不过如果我们把时间一段一段地分开，那么好的操盘手应该能够做到把在相对低价位时段增持的筹码在相对高价位时段减掉。

案例 11 调整中的“慢”字诀

本案例适用于主力操盘手。

图 5-11-1 是德美化工(002054)2008 年 10 月 10 日到 2008 年 11 月 17 日的日 K 线图。

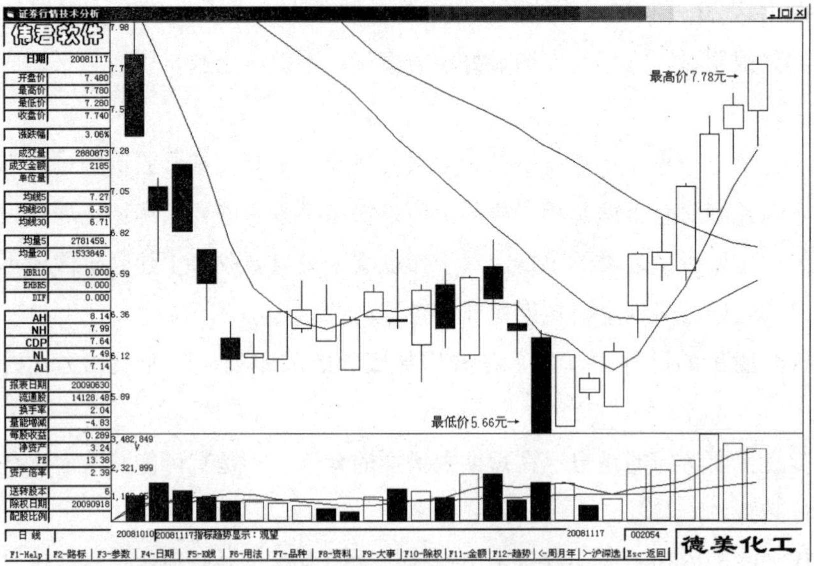

图 5-11-1

经过一段时间运作股价已经从最低价 5.66 元推升到 7.78 元，涨幅近 4 成，明显强于大盘。不过操盘手感到目前市场已经难以接受当前的股价，买单渐渐在减少而卖单则不断在增加，好像是应该调整了，接下来该怎么做？

操盘手有两个方案可以选择：

方案①：以空间换时间。

方案②：以时间换空间。

这两种方案都是常见的调整方案。

“以空间换时间”的方案①的优点是能够缩短时间。

如果离题材兑现的时点比较近，那么这种方案无疑是首选。但这种方案也有很大的风险。因为短时间内调整的幅度比较大，所以有可能会引起中长线筹码的松动，在接下来推升股价的过程中就会带来更大的压力，股价甚至难以超过前一次的高点。

另外这种调整需要操盘手有较强的短线股价控制能力。

“以时间换空间”的方案②的优点是能够减小股价的调整幅度，非常有利于下一波的推升行情，但需要的时间可能比较长。由于调整的时间比较长，所以对于操盘手来说就更需要耐心和意志，特别是对于操盘手的小单处理能力是一个考验。

本案例的背景是基本面上没有大的变化，股价的上涨源于整个市场暴跌后的回升，主力判断市场的整体回升还将进行，因此在调整后将再度推升股价。

由于没有题材兑现的时点，因此原则上是放弃方案①的，也就是考虑方案②，采取“以时间换空间”的策略。

这种随市场整体波动而推升股价的运作与短期题材的运作是完全不一样的。

题材股的时点是不容更改的，所以运作的终止时间是定下来的，但本案例的情况完全不一样，主力运作的基础是市场，所以决策的依据就在于对市场的研判上。

现在主力对于市场的中期走势比较乐观，因此在制定调整策略的时候，首先要保证不能让股价调整的幅度太大，必须要让市场感到股价走势的强劲(尽管也在随市场调整)，这样就能够在市场再次回升时吸引到更多的买单。

在整个调整过程中要特别注意一个“慢”字。这里的慢主要是指股价下跌的速度要慢，能多慢就多慢，即使挡不住市场的抛盘而下跌过多的话，也应该在下一个交易日尽可能快地将股价拉回。

图 5-11-2 是该股调整以后及上涨的日 K 线图。

操盘手最后确定了最大调整幅度在 10%以内的策略，并在维护了 9 天的股价之后重新推升股价并成功将股价推上 9.39 元的新高。

操盘手的运作是成功的，其中有两点值得关注：

关注①：带量下跌过猛则快速拉起。

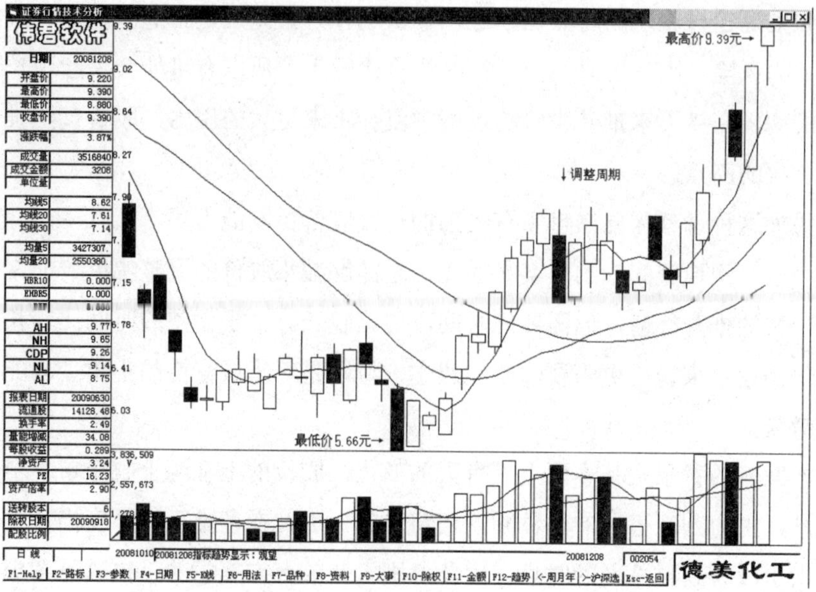

图 5-11-2

调整的第一个交易日操盘手主动减仓，而且是尽可能地多减，导致股价尾市带量跌倒跌停板，但为了防止中线筹码的松动，操盘手在下一个交易日就翻空为多，快速将股价拉回，当天拉出长阳线，很好地稳定了中长线的筹码。

关注②：无量下跌则不着急。

调整的后期股价重又跌到预期调整区域的低点，但由于操盘手已经完成了阶段性的减仓任务，所以不再主动减仓，以观察市场的抛盘。

关注③：无量表示市场已经接受当前的股价。

当连续两个交易日股价在调整低点整理时，操盘手注意到成交量已经大幅度下降，表明市场已经接受目前的股价，所以调整结束的时点已经出现，于是操盘手开始重新推升股价，由于股价调整幅度不大所以很快就走出向上的突破行情。

掌握一个“慢”字诀不但可以对于日K线的调整有效，而且对于操盘手频繁用到的分时走势的调整也非常有效。

案例 12 “堆量”要慎重

本案例适用于主力操盘手。

“堆量”是我个人提倡的一种说法，与市场上流行的“对倒”有一些差异。

“对倒”是违规的，真正的主力资金是不会采用的，不过有很多交易方法同样可以在不违规的情况下达到“对倒”的目的，因此现在这种“广义对倒”的堆量现象还是非常普及的，在本书的前面分析过这种现象。

“对倒”或者“广义对倒”或者“堆量”只是一种交易的手法，它的真正目的只有一个，就是通过做大成交量来达到引导市场的目的。

最能吸引市场的就是股价带量的走势，比如带量上涨会吸引市场的买单，反之会吸引卖单。主力操盘手正是根据市场这一特点才采用堆量的方法的，尽管这是一种惯用的方法但有时候并不一定合适。

我们可能还不知道，带量吸引市场其实是一种误解。

市场上的买家从持股时间上可以分成两种，一种是短线而另一种是中长线。

吸引中长线买家的基本点是股价被低估，根据买涨不买跌的基本心态只有股价的持续上涨才是吸引中长线买家的根本所在，至于是否放量并不重要，很多中长线买家对于每天交易的过程并不感兴趣，甚至不会去看成交量。

如果操盘手想吸引中长线买家的话，那么花大力气堆量只能是无用功。

我们再来分析短线买家。

短线买家更看重的是市场的交易，因此是否放量对其有作用，堆量也确实能够起到吸引短线买家的作用。

假设现在操盘手准备推升股价，于是在卖出价位上挂上大单，或者早就挂好了。接着操盘手自己将大卖单打下来，同时不断地在买卖价位上挂出大量的挂单，如果有市场的大买单则更好，如果没有则将上档的大卖单继续自己打下来。

这样的操作是能够吸引市场的一些买单的，但请注意这里只能吸引短线买单。也许一个百分点的涨幅对于盘中的实时走势来说可以称之为“飙升”，但对于中长线买家来说是没有影响的。

现在操盘手达到了吸引买家的目的，但只是吸引了短线买家，也许操盘手的筹码被短线买家拿走一些，但操盘手更应该考虑的是接下来的运作。

短线就是短线，尽管还可以分成几种类型，但大多数短线买家对于盈利的要求并不高，因此这些短线买家将会对股价的短期上升起到很大的阻碍作用。

比如操盘手将股价从 8 元开始推，当天上涨到 8.20 元报收，下一个交易日当股价继续上涨到 8.30 元左右时，这些买家中的大部分就会出来。显然，如果操盘手意欲继续推升股价，那么就必须消化掉这些短线的获利筹码。尽管操盘手实在不理解为什么这些短线筹码有了 1 毛多钱利润就要抛，但市场就是这样的，我们一直提倡要适应这个市场，操盘手同样不例外。

短线筹码有两个特点，一个特点就是有了一点盈利就会出来，所以一旦成为短线获利盘即会对市场形成压力。

还有一个特点就是不追高。当主力操盘手辛辛苦苦地将股价推升起来以后很有可能短线买家就会消失，因为他们不追高。

短线买家本来就是做的短线行情，股价上涨得越高上面获利的空间就越小，所以上涨的幅度越大短线买家就越少。

现在我们应该明白了，操盘手要吸引的主要是中长线买家而不是短线买家。这些买家因为中线看好股价所以并不会在乎股价短期的一点上涨幅度，对于短线买家来说已经很大的涨幅对于中长线买家来说并不算多。

既然操盘手要吸引的是中长线买家而中线买家又不在乎成交量，所以就没有必要每次都进行堆量。

合理的运作方法应该是这样：

首先要明确不做一天的行情，也就是说一旦运作一定要将股价推升到一定的幅度，这样才能吸引一批中长场买家进场，这批买家可以起到锁仓的作用，为以后的进一步推升股价打下基础。

在推升前先花费一定的时间搜罗一些筹码，特别是吸引一些相对较大的短线浮动筹码抛出来。这些筹码本来就是想出来的，不如在股价启动前就吸引出来，这样做的目的是尽量把短线的浮动筹码控制在自己的手里。

接着开始推升股价。

推升的过程应该模仿市场的交易，并不需要刻意地堆量。其实顺势推升股价自然会放量，而且由于是顺势所以并不会起到吸引短线买家的作用。

操盘手可能还没有注意到，刚开始推升股价的时候其实是不需要短线买家进场的，尽管在开始的时候买卖力量会有一些短时间的失衡，但由于在推升股价之前操盘手已经锁掉了部分浮动筹码，因此失衡的现象不会很严重，再说操盘手还准备临时增加一些仓位，在初期阶段操盘手增仓是不可避免的。

由于是顺势推升，所以股价的上涨一定不是很快的，这样对于吸引中线买单就会非常有效，在推升的中期会有更多的短线筹码出来，但逐步进入市场的中线买家已经能够进行消化。

在最后阶段市场会自觉地产生一次买方能量的大爆发，这时候是操盘手减仓的最好时机，随后操盘手将引导股价进入调整阶段，为下一次的推升做准备。

整个推升过程中并不需要操盘手刻意地去堆量。

操盘手必须学会在常规的运作中放弃“堆量”。

案例 13　30 分钟上冲涨停

本案例适用于除主力操盘手以外的各类大单交易者。

有的时候某只个股出现涨停，而此时我们手中正好有该股的筹码，而且比较多比如有 50 万股，那么就存在卖出的可能性。吸引我们的不单单是涨停的股价，更重要的是有较大的接盘。比如在涨停的价位上有 300 万股正在排队等候买进的买单，我们只要报一笔单子就可以达到瞬间成交的目的，效率堪称最高。不过问题是股价在涨停以后会不会继续上涨甚至连续涨停？

这是一个很难回答的问题，因为股价涨停的情况千变万化，没有一个统一的标准，我们只有通过一些具体的交易细节来判断是不是应该卖出。

图 5-13-1 是恒邦股份(002237)2009 年 12 月 2 日的实时走势图。

我们先来分析走势的合理性。

由于股价基本上在涨幅 3 个百分点左右的区域波动，因此股价在 30 分钟内一路上涨到涨停价位是不合理的。

我们知道要让市场接受新的股价是需要时间的，这一时间的长短取决于个股基本面的变化以及市场的变化。由于最后 30 分钟在基本面上是不会有变化

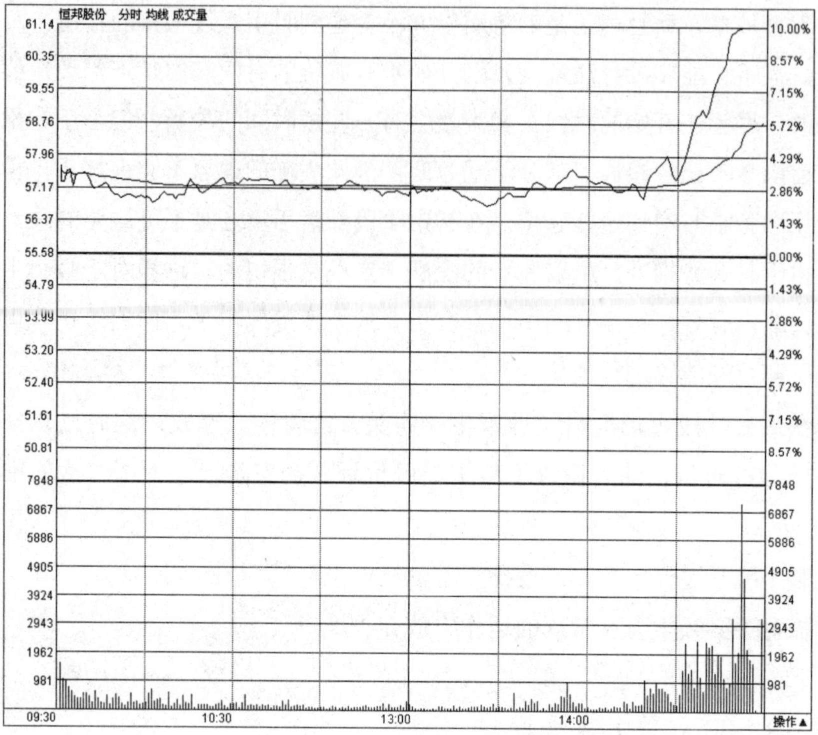

图 5-13-1

的，而且市场也不会在 30 分钟内大幅度飙升，所以这一走势是不合理的，换句话说这不是市场的自然交易。

尽管这最后的 30 分钟内各种交易者都有可能参与，但其中的主导力量应该是主力资金，因为市场散单还不会马上接受快速上涨的股价，而一次性大单更不会这样操作。

所以我们可以断定，最后这 30 分钟的交易是主力运作的结果。

现在我们来分析主力的意图。

由于股价创出近期的新高，所以这种上冲涨停有向上突破的含义，既然股价向上突破，那就意味着股价还会有一段持续的上涨行情。

这就是主力告诉市场的，实际上就是希望市场的买单进来而卖单不必急于出手。不过我们更希望知道主力的真正目的，也就是主力不想告诉市场的目的。

特别注意其中放量这一特征。

由于股价创出阶段性的新高，因此市场获利盘确实会比较多，但股价的大幅度上冲涨停似乎已经在告诉市场股价还要涨，在这种情况市场卖单大量出逃并不现实，而且前面已经分析过，市场上更不会一下子涌进来那么多的买单，所以最后 30 分钟的成交量水分很大，其中有相当一部分是主力自己所为。

主力之所以要这样做，就是让市场更加相信股价要继续上涨，因为股价创新高所以抛盘必然会多一些，但买盘似乎更多。

既然大量的单子来自主力，所以我们已经知道市场上的单子有限，反过来证实了我们前面的想法，就是市场买家并没有接受目前的价格，而卖家则在等待股价的继续冲高。

最后 30 分钟的交易只有主力在做局，市场买卖双方参与的积极性并不高。

既然市场买家并不认可，那么主力为什么要强行推升股价呢？

主力推升股价有三种可能性。

可能性①：连续推升过程进行中。

可能性②：维护股价。

可能性③：减仓。

主力在某一个时段会采取连续推升股价的策略，不过连续推升的目的就是要让市场接受被推升了的股价，现在只用了 30 分钟就将股价推升到涨停价位，其间的幅度达到近 8 个百分点，这显然是不能让市场接受的，所以主力今天并不在连续推升股价的过程中，即使确实如此也应该是最后一次推升，所以我们排除可能性①。

维护股价一般是在股价下跌的时候，尽管上涨的时候也会有护盘的行为但如此大幅度的推升股价已经不属于护盘了。

护盘的目的是保证当天的收盘价不至于跌得太多，而本案例中股价原来就有 3 个百分点的升幅，不需要护盘，而且护盘的基本要求之一就是不能明显增加仓位。以现在的情况看主力增加的仓位是不少的，所以我们可以很容易排除可能性②。

剩下的就只有可能性③了，主力的目的就是减仓。

也许我们很难相信，因为从当天最后巨大的成交量中还看不出主力有出逃的迹象。确实是这样，当天主力一定是增仓的，因为在最后的 30 分钟里由于上涨的速度过快，所以市场的抛单肯定多于市场的买单，因此至少在这 30 分钟里主力是增仓的。而且在前面的大部分时间里主力也是增仓的可能性居多，如果已经减仓，那么主力或许就没有必要在最后阶段把股价推升到涨停板。

操盘手经常会有这样的心态：既然今天增加了那么多的仓位，还不如在最后把股价打上去，至少可以让今天新增的筹码在账面上获利。

这种心态并不利于操盘，但要克服这种心态非常人所能，所以我们要掌握操盘手的这种心态。

由于尾市大幅度推高了 8 个百分点，所以操盘手当天新增的筹码全部获利，而且获利的幅度还比较大。

其实现在我们已经很清楚了，主力推升股价的目的就是为了减仓，只不过不是在当天减仓而是为了在下一个交易日减仓，至于是只要减掉当天新增的筹码还是阶段性的减仓则取决于尾市推升股价的力度。目前推升的力度是最大的，已经到了涨停的价位，所以主力的目的是要进行至少是阶段性的较大规模的减仓，同时我们也不能排除主力企图全身而退的可能。

既然知道了主力的真实意图，那么我们就知道该怎么做了。

将 50 万股的卖单以涨停的价格砸出去，结果当然是瞬间成交。

由于所剩时间不多，所以主力还是会将涨停价撑到收盘，但这与我们已经没有关系了。

图 5-13-2 是当时的日 K 线图，接下来的走势是连续的下跌而且成交量较前段时间明显萎缩，表明主力操盘手这次选择在尾市 30 分钟推升股价是为了全身而退。

本案例的结果是主力全身而退，但这并不是唯一的结果，前面我们分析的时候提到过两种可能性，另外一种就是阶段性减仓。如果主力仍然在运作中，那么股价还会有上升的空间，因此尽管我们在涨停的价位已经把筹码卖掉了，但在接下来的交易过程中还是会有机会把筹码买回来的。

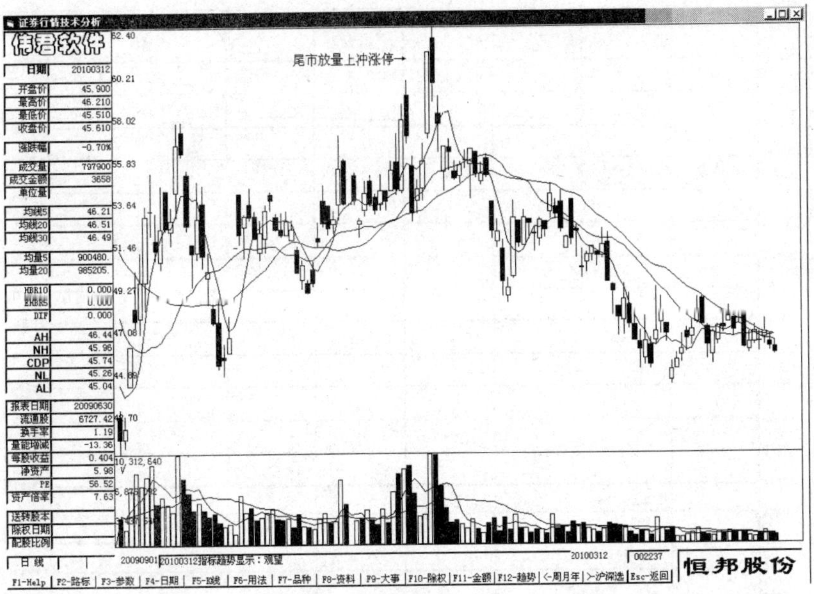

图 5-13-2

案例 14 被打开的涨停

本案例适用于除主力操盘手以外的各类大单交易者。

图 5-14-1 是(002209)达意隆 2009 年 12 月 9 日的实时走势图。

该股当天以涨停报收，不过在中间维持了 2 小时之后涨停被打开，临收盘勉强回到涨停价位。

先来分析当天的交易过程。

当天在交易不到 1 小时股价即从 4 个百分点左右的涨幅开始连续上涨，并用了不到 10 分钟的时间冲上涨停。由于封上涨停的时间比较早，所以市场有足够的时间来适应这个涨停的价位，不过在此期间需要足够的买单来支撑这个已经快速上涨了的股价。

现在我们看到涨停在 2 个小时后被抛单打开，而且股价回落的幅度还比较大，表明涨停的价位并没有得到市场的认可，所以最后的收盘是很勉强的。

从市场层面看，强硬的涨停价位会吸引一些买家但数量不会很多，因为封单多了就会吓跑卖单，这样排在后面的买单也成交不了。对于卖家来说只要封

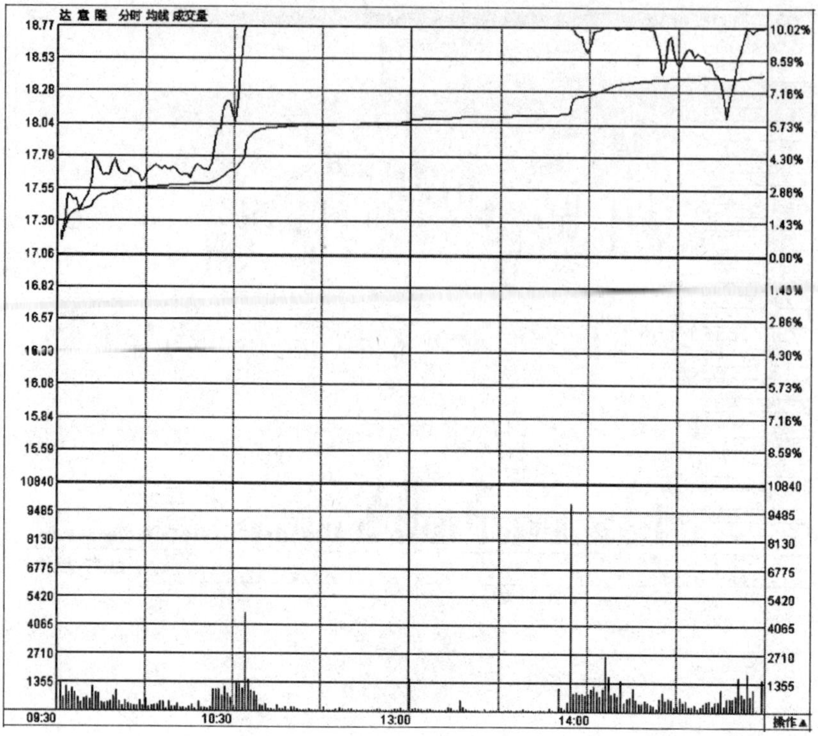

图 5-14-1

单数量巨大而且变化不大那么也不会急于出逃，所以市场心态的变化完全取决于涨停板价位上的封单数量。

打开涨停的一般有两种情况。

情况①：封单越来越少。

情况②：出现超大抛单。

其实这两种情况一般都是会同时出现的，只是在次序上会有一些先后。比如封单在减少，接着大抛单很快就砸出来，这里的大抛单可能是多张市场单子的集合。也可能是先出来一些大抛单，然后封单开始减少，这里的大抛单多数是单一的大单子。

当时的盘中交易显示先出来的是大抛单，然后再是挂单减少，也就是说有很多挂单被撤销。

由于成交量过大，所以我们认为这次的推升是主力所为，具体的就不多说了，我们现在应该有能力排除市场散单和一次性大单两种可能性。

我们先来分析主力通过推升股价想告诉市场什么。

不管过程如何，反正最后股价是以涨停报收的，而且也放了很大的量，加上股价又创了近期的新高，这是一种突破的形态，所以接下来股价会一路上涨。这就是主力想告诉市场的。

既然股价还会继续上涨，那么买家应该继续买进而卖家则小心卖出，这是主力所希望的。

那么主力真正想干的是什么事情呢？

既然是主力推升的，那么封单也应该是以主力为主的，换句话说在股价涨停的时候上面挂的买单以主力的买单居多。

由于封单较多所以对于市场的买卖双方来说都是一种威慑，只要没有大抛盘砸出来或者封单不减少那么市场的买卖双方会继续保持相对静止的状态，在这种情况下首先砸出来的这张大抛单应该是主力的。

尽管封单中有很多主力的单子但也会有一些市场的散单，而且主力很清楚市场的自然接单在封单中有多少，所以主力的首张抛单是砸给市场接单的。

显然主力在最后 1 小时的交易中选择了减仓。

由于涨停已经维持了 2 小时，所以市场至少在当天已经开始慢慢接受这一价位，这就会在股价被打开涨停以后带来一些市场的接单。但交易显示涨停打开以后成交量异常放大，这是不合理的。我们知道市场的买卖双方不可能发生这么快的变化，因此这段时间的交易主力是做了手脚的。好在离收盘只有 1 个小时的时间，所以在市场还处于朦朦胧胧的情况下主力仍然有能力将股价推升到涨停收盘。

现在分析主力推升股价的三种可能性，前一个案例已经提到过。

由于涨停被打开过，所以市场所认可的涨停只是收盘前的几分钟，也就是说本案例的本质与前面的案例 13 本质上有相同的地方，只是在一些细节上会有些差异。

因为第一次封涨停的时间比较早，而每次上封涨停必然会增仓，因此主力在打开涨停前就已经新增了不少的仓位。打开涨停是由主力开始的，目的就是减仓，表明操盘手希望在当天就能够将前面增加的仓位减掉，这一点与案例 13 不一样，本案例的操盘手更加计较新增的仓位。

既然操盘手如此着急地想减仓，那么我们也就应该抓紧收盘前的一段时间将筹码扔在涨停价位上。

图 5-14-2 是该股的日 K 线图。

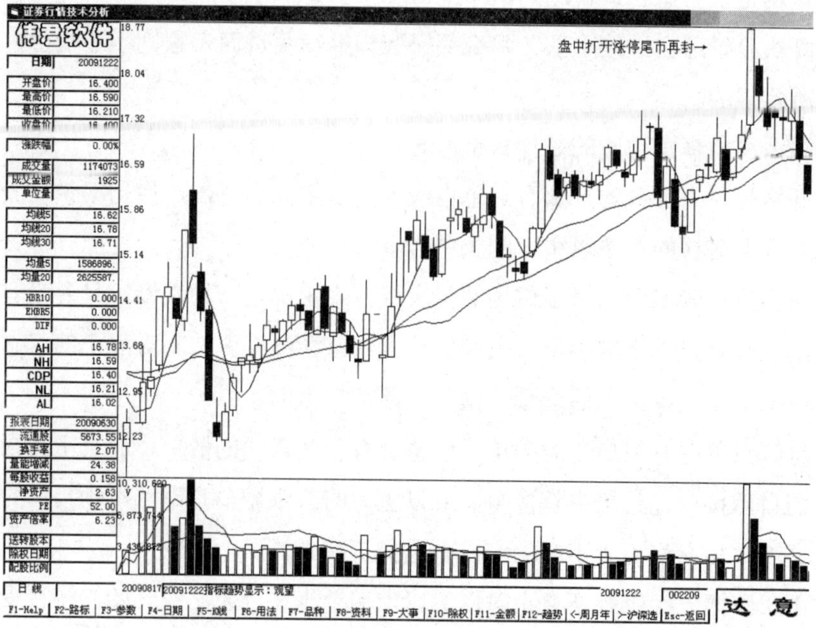

图 5-14-2

案例 15　股价瞬间涨停

图 5-15-1 是成飞集成(002190)2009 年 12 月 14 日的分时走势图。

交易过程显示该股在当天的最后 5 分钟上冲涨停，其中 2 分钟是正常交易，而后 3 分钟是集合竞价的收盘价。成交结果显示，在全天 387 万股的成交量中尾市的拉升超过 150 万股。

本案例的本质与案例 13 是一样的，所以结论也是一样的，只不过有一些量上面的变化。

变化之一就是操盘手采用收盘突袭的方法。

由于临近收市所以很多交易者已经不再关注，这时候市场买卖双方都已经准备打道回府，操盘手突然出击就会以最小的代价获取涨停的成果。

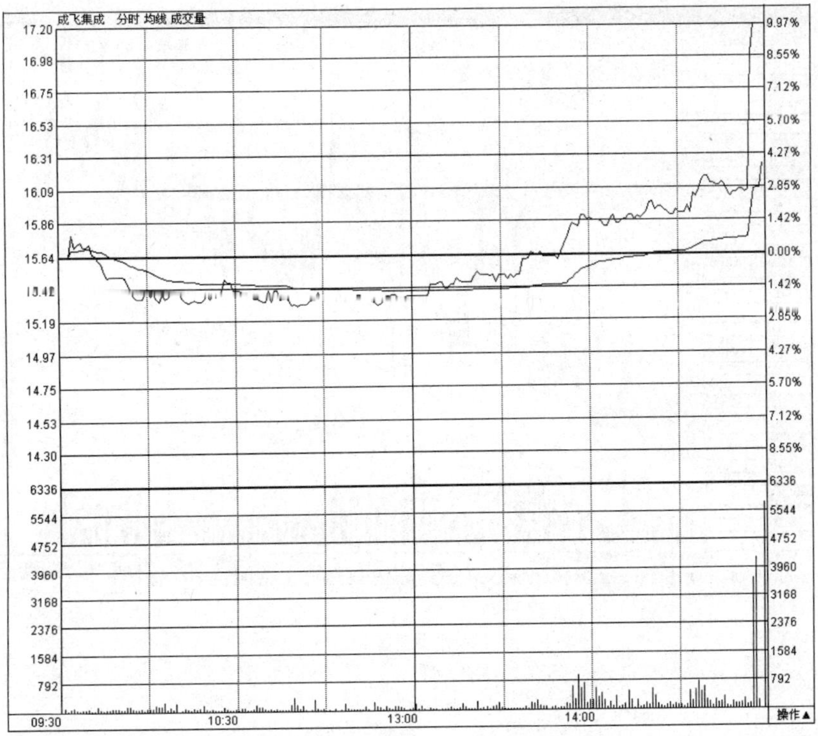

图 5-15-1

变化之二就是操盘手出货的心态更急。

在最后上涨之前当天的成交均价只比前收盘价略高，而操盘手最后疯狂的拉升只能说明出货的心态很急，原因可能并不是当天新增了多少仓位，而是在最近一段时间里新增了不少仓位。

图 5-15-2 是该股的日 K 线图，股价在下一个交易日就是低开低走，验证了我们的判断，操盘手的目的就是为了减仓。由于开盘就很低，所以操盘手能够抢在市场之前减仓。

因为操盘手选择了最后的 5 分钟推升股价，所以要求我们始终保持清醒的头脑，坚决在收盘前将手中的筹码扔出去。

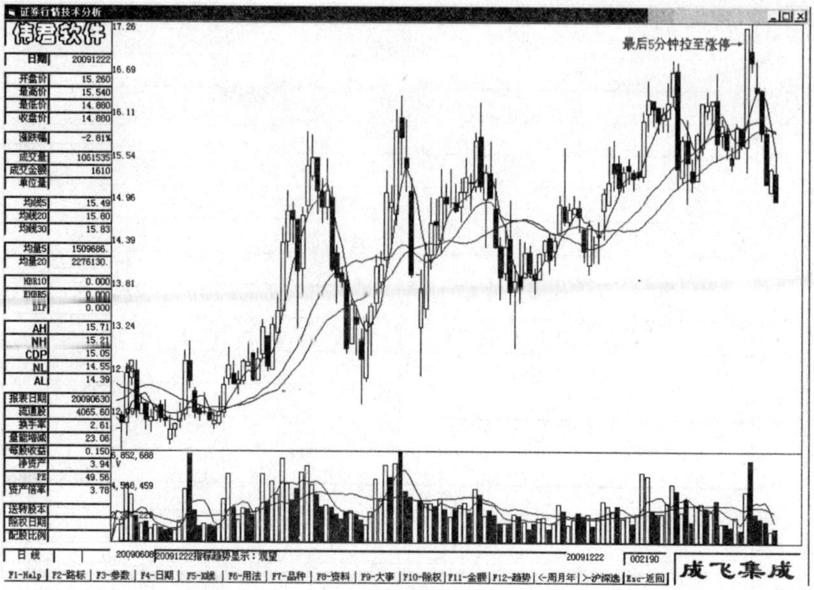

图 5-15-2

案例 16　尾市冲涨停

图 5-16-1 是智光电气(002169)2009 年 11 月 13 日的分时走势图。

该股当天的走势与案例 13 几乎是一样的，也是在尾市放量上冲涨停，不过我们要注意的是最后上涨的幅度。

在案例 13 中我们提到过，一旦股价被大幅度推升，那么市场一下子会难以接受新的被推高了的股价，但这里有一个度的问题。市场的这种接受度是在逐渐改变的，一个是时间的因素，还有一个是大盘的因素，但其中的量是很难确定的，只能视具体情况具体分析。

本案例的走势是逐级上行的，下午基本上在涨幅 5 个百分点到 7 个百分点之间交易，尾市尽管上冲到涨停但被推升的幅度在 3 个百分点左右，特别要注意的是自股价从上午就站上 15 元之后到涨停也不到 16 元，给市场的感觉仍然是 15 元多，所以尾市的涨停价应该是能够得到市场认同的。

同样，由于股价早就有了 5 个百分点以上的涨幅甚至到达过 7 个百分点的涨幅，因此当天交易的成本就会比较高。如果主力操盘手因为前面的增仓而希

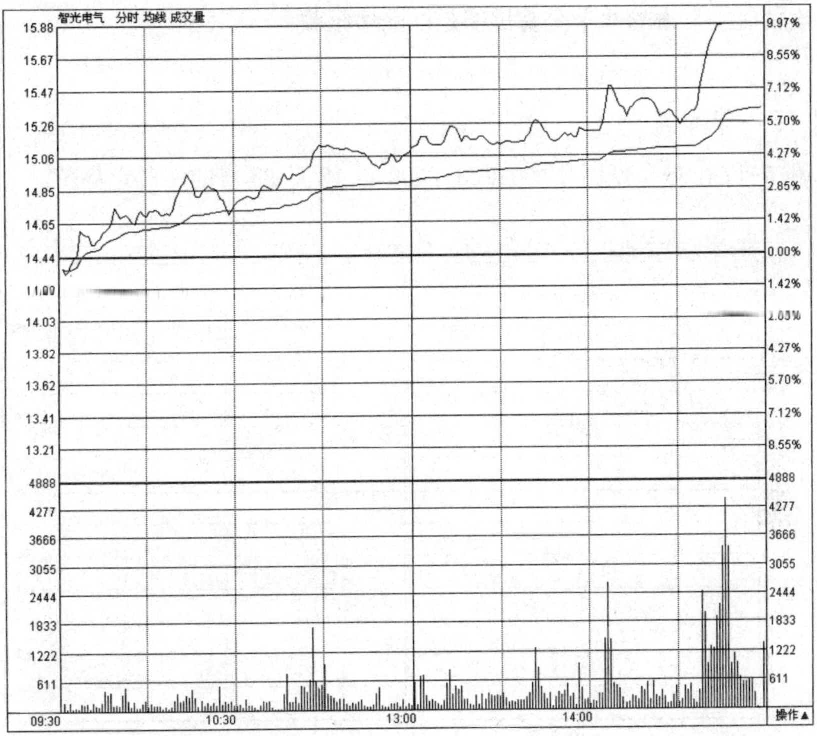

图 5-16-1

望通过尾市的拉高来达到下一个交易日减仓的目的就不可能，因为只有 3 个百分点的空间，操盘手没有足够的减仓空间。也许操盘手不会在乎股价的高低而坚决减仓，那么就没有必要把股价推到涨停的价位，这样会新增更多的仓位。

如果股价全天能够有较大的涨幅，比如像本案例的 5 个百分点甚至更高，那么排除基本面的因素就是操盘手在运作或者某张非常大的一次性买单，但很少会有如此大的一次性买单这样运作的，所以基本上我们可以认为是操盘手在运作。

这样运作的结果就是增加仓位，而且会增加比较多。根据一般的操盘原理，每一波较小的推升行情也是以三段式方式进行的，同样是建仓、拉升和减仓三部曲，只不过这里涉及的仓位数量变化与主力的底仓没有关系。

本案例应该是一波小行情的启动，操盘手在全天大部分时间里增加仓位，目的是为了在后面的推升股价过程中减少短线获利盘的卖压。

对于这种情况我们的操作就是不动，以静制动。

该股在接下来的两个交易日都是以涨停报收。

案例 17 早早涨停

图 5-17-1 是鱼跃医疗(002223)2009 年 10 月 23 日的实时走势图。

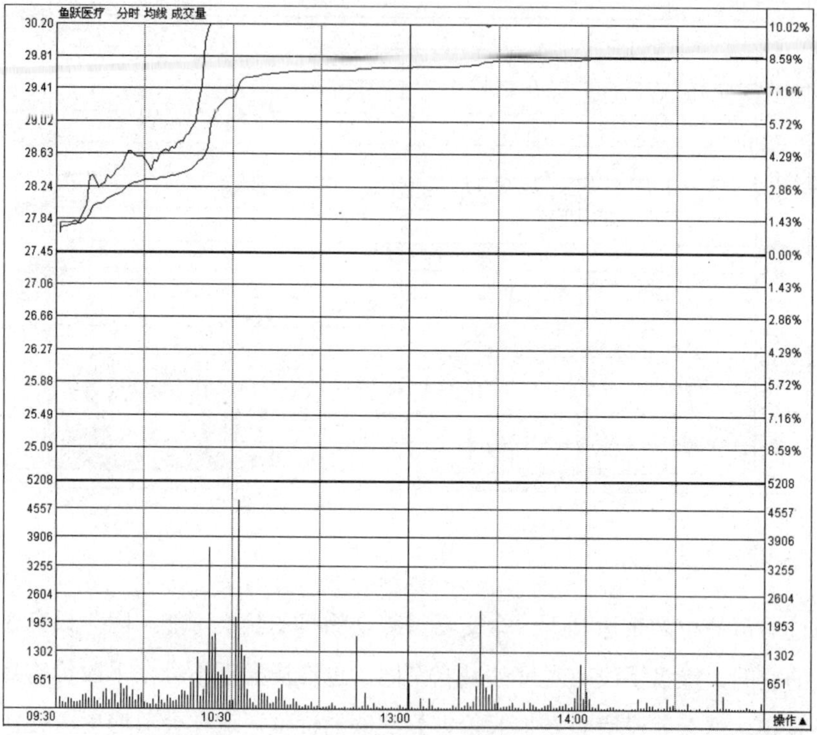

图 5-17-1

该股在交易后不到 1 小时就封上涨停一直到收盘，中间在下午 1 点半不到的时候打开过一次涨停，不过只有 2 分钟左右，所以涨停打开不能算有效。

与前几个涨停案例不同的是本案例中涨停的时间比较早，另外就是涨停后没有被有效打开过。

该股当天的基本面上没有变化，其实这是本书案例的一个共性，如果有基本面方面的变化则需另案处理。

对于推动股价上冲到涨停的主要力量应该来自主力操盘手，我们很容易就可以排除市场散单和一次性大单的可能性，这里不再多说。

很明显，主力就是要告诉市场，接下来股价还要上涨，现在的问题是我们要不要相信这个结论。

当天的走势分成两个阶段，一个阶段是在开盘后连续上涨到 4 个百分点的位置，接着是第二个阶段，股价上涨到 10 个百分点的涨停价位。其中第二个阶段的成交量明显放大，表明主力在此遇到了较大的阻力，因此在涨停期间特别是刚刚进入涨停的时候市场上会有很多抛盘砸出来。尽管我们不能排除市场上会有一些比较激进的买单在涨停的价位上追涨，但涨停价位上主要的买单还是由主力来挂的，至少主力要领头挂。

可以这么说，除非是有消息面上的变化，否则类似的涨停封单基本上是由主力挂出的。

由于封涨停的时间较长，因此主力接下市场的抛单就比较多，而且涨停封越得早的主力接的筹码就越多。不过有一种情况例外，那就是主力一开盘就封涨停，而且当天大盘走势较好。在这种情况下市场的抛盘会相当小，即使主力全部接下来也无所谓。不过一般情况下主力没有这样的魄力，因为根本无法肯定自己能够准确预测当天市场的变化，而且真要接下大部分筹码起码自己的底仓要比较大才行。

所以是否一开盘就封涨停有很大的不同。现在我们讨论的是开盘以后封涨停的情况，那么就涉及开盘以后多久封涨停。根据上面的分析，开盘以后到封涨停的时间越短越好，因为越是时间短主力就越会接下更多的筹码，表明主力的信心很足，不但底仓比较多，而且推升股价的决心也比较大。

现在我们来分析主力的意图。

在案例 13 我们已经提到了主力推升股价的三种可能性。

可能性①：连续推升过程进行中。

可能性②：维护股价。

可能性③：阶段性减仓。

维护股价是一种温和的干预股价行为而不是现在这样将股价推升到涨停，所以我们可以排除可能性②。

就减仓的可能性而言有三种情况：一种是当天减仓，一种是下一个交易日减仓，还有一种是在更晚一些时候减仓。

前面我们分析过，当天主力已经新增了很多仓位，因此不存在当天减仓的可能。

由于主力当天新增了大量的仓位，导致当天成交量急剧放大，所以即使主力期望在下一个交易日减仓，那么起码必须将当天新增的筹码减掉，然后还要再减掉以前的筹码，这样多的筹码抛向市场是不现实的，股价很有可能会跌停，主力这笔账是怎么也算不过来的。其实在没有消息面配合的情况下要在以后维持这个涨停的价位就已经不容易了，根本就谈不上减仓。当然主力有可能在下一个交易减掉当天新增的部分仓位，这是能够做到的，只要操盘手有一定的经验。

涨停对市场的冲击是最大的，在下一个交易日或者以后几个交易日没有消息面配合的话，要让市场接受现在已经涨停的价位很需要时间，在这一段时间里主力要做的就是维护股价，因此在短时间内根本谈不上减仓。

这样我们就可以排除可能性③。

现在只剩下可能性①。

对于我们来说，要做的就是继续拿着筹码等待股价的进一步上涨。

图 5-17-2 是该股的日 K 线图。

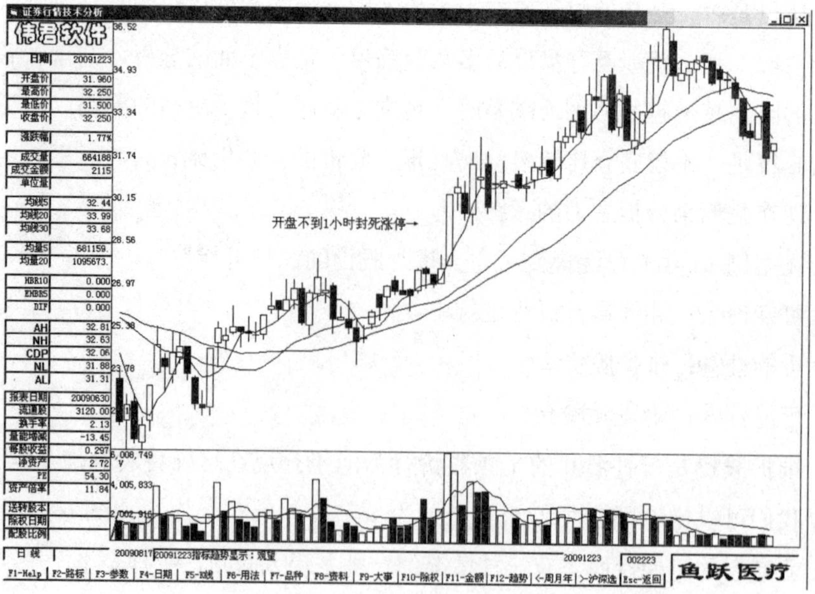

图 5-17-2

K线图显示在涨停的下一个交易日成交量仍然相当大，但主力顶住了市场的巨大抛压，表明主力正在运作一轮新的上升行情。

其实主力是不会无缘无故地在当天增加大量的仓位并将股价推升到涨停的，尽管我们没有找到消息面的配合但在两个星期以后公司公告了增发方案的预案，对于市场来说是一个利好消息。

我们并不能像主力那样有超好的基本面预感，但通过主力的运作我们是可以分享到的。

案例18 换位思考

本案例适用于除了主力操盘手以外的大单交易者。

一些有主力参与的个股其走势通常都要强于大盘，所以就成为我们短线交易的追逐目标，在操作上也就更希望能够通过盘面的变化多了解一些主力的足迹。在紧扣细节的前提下我们采用一些换位思考的方式有时候也会起到很明显的效果，甚至可以搞定连主力也疑惑的事情。

下面的案例充分显示了这种方法的强大威力。

大盘已经连续下跌超过一成，大量个股也同步下跌，这时我们手上正好有一张大单需要建仓。由于建仓规模在100万股，所以并不是一件简单的事情。

随着股价的下跌该股日成交量已经缩小到100万股甚至更少，所以正常的连续建仓时间需要一周或更长，但还没有考虑盘中是否有主力的情况。

已经持续观察了该股，发现有护盘的迹象，但没有堆量，总体上护盘还是顺势进行，没有一定的看盘经验很难发现。

就该股而言未来趋势无非是两种，一种是继续下跌寻找底部，另一种是横盘构筑底部。

现在把主力的因素考虑进去，也就是说作为主力会怎么想。

我们总是希望能够知道主力在想什么，主力有哪些想法没有告诉我们，这确实也是细节分析的重要目的。不过从现在的情况来看，主力最多就是顺势护一下盘，甚至没有堆量，也就是说现在主力只是希望市场上的抛盘少一点而已，因为这种顺势的护盘只能起到延缓下跌速度，威慑卖方的作用，对市场的买方是没有作用的。在市场整体下跌的情况下，市场买方也就是手拿资金的一方可能连股价都不会去看，而关注股价的大多数是该不该抛出来的筹码。

主力没有大的动作，所以我们也无法从盘面看出什么有用的细节来，要想知道主力的想法就只能采用换位思考的方法了。

换位思考很简单，就是我们把自己当成主力操盘手，然后问自己会怎么做。

现在换过来了，我们成了操盘手，正在进行顺势护盘。

护盘的目的就是希望股价下跌得尽可能的少一些，最终还是为了在大盘企稳以后推升股价。不过顺势护盘也表明操盘手信心不足，或者是因为资金有限，或者是因为对市场的调整心里没有底。其实这两个担心是一样的，就算有再多的资金，只要市场天天下跌主力也会完蛋的，因为市场大幅度下跌以后整体的估值会同步下降，这对主力来说就是灭顶之灾。如果市场已经调整到位，那么操盘手就会立刻启动行情，因为护盘已经结束。

关键还是对于市场的研判上。

由于现在主力没有故意堆量，所以盘面基本上提供了一种比较自然的交易状态，这样我们从盘面得到的信息与主力得到的基本相同，所以客观上我们也具备了作为主力操盘手来分析和判断市场的基本条件。

护盘成功的条件有两个：一是市场抛盘不大，二是大盘不再大幅度下跌。

由于成交量萎缩，所以盘面挂单以小单为主，可以认为市场抛盘不大，第一个条件成立。

大盘的判断仍然是关键。不过随着市场的逐步成熟大盘在连续下跌幅度超过一成之后起码应该是有反弹的，这一点我们很清楚，除非经济大环境进入全面萧条，因此第二个条件变相成立。

我们得到这样的结论：只要现在护盘是一定能够成功的。

既然主力护盘会成功，那么现在的价位就是建仓的时机。因为我们要买的筹码相对多一些，所以不妨从现在就开始建仓，顺便也可以帮主力一把，一起守住现在的股价。

或许操盘手还在担心最后能否守住股价，但我们已经知道操盘手一定能够护盘成功。

当我们已经知道了连主力操盘手都想知道但还没有知道的事情，投资就变得更加安全了。